Michael Proffe

DIE BESTEN TRENDFOLGESTRATEGIEN

So machen Sie den Trend zu Ihrem Freund
und bauen entspannt Ihr Vermögen auf

MICHAEL PROFFE

DIE BESTEN TRENDFOLGE STRATEGIEN

So machen Sie den Trend zu Ihrem Freund
und bauen entspannt Ihr Vermögen auf

Bibliografische Information der Deutschen Nationalbibliothek
Die Deutsche Nationalbibliothek verzeichnet diese Publikation in der Deutschen Nationalbibliografie. Detaillierte bibliografische Daten sind im Internet über http://dnb.d-nb.de abrufbar.

Für Fragen und Anregungen:
info@finanzbuchverlag.de

Originalausgabe, 1. Auflage 2022

Nymphenburger Straße 86
D-80636 München
Tel.: 089 651285-0
Fax: 089 652096

Redaktionelle Leitung: Bernd Wünsche
Redaktion: Manuela Kahle, Judith Engst
Umschlaggestaltung: Marc-Torben Fischer, Pamela Machleidt
Umschlagabbildung: Shutterstock.com/peterschreiber.media
Satz: Daniel Förster
Druck: Florjancic Tisk d.o.o., Slowenien
Printed in the EU

ISBN Print 978-3-95972-618-4
ISBN E-Book (PDF) 978-3-98609-165-1
ISBN E-Book (EPUB, Mobi) 978-3-98609-166-8

INHALT

VORWORT

Liebe Leserinnen und Leser,

wir durchleben (leider) aufregende Zeiten. Die Corona-Pandemie hat uns über zwei Jahre in Atem gehalten. Kaum legte sich offenbar das Risiko dieser Pandemie Anfang 2022 etwas, kam es zum Krieg in der Ukraine. Als wäre all dies nicht genug, mussten die Zentralbanken der Welt Rekord-Inflationsraten verkünden.

Was Sie Tag für Tag an den Tankstellen wahrnehmen, in den Supermärkten oder bei der Finanzierung Ihres Wohnraums, las sich zum Jahresanfang in Zahlen so: 5,8 Prozent Inflationsrate in der Euro-Zone, 7,5 Prozent Inflationsrate in den USA. Das bedeutet zu allem Überfluss, dass sich unser Geld vor unseren Augen nach und nach in Luft auflöst.

Auch die Börsen ließen sich von den Unsicherheiten anstecken und begannen die ersten Wochen und Monate des laufenden Jahres mit deutlichen Verlusten. Dies sind keine guten Voraussetzungen, um an den Börsen zu investieren, oder? Ich meine doch.

»More time to live – mehr Zeit zum Leben«

Gern bin ich der Bitte meines Verlages nachgekommen, mein bewährtes Konzept »More time to live – mehr Zeit zum Leben« für private Geldanleger, passend zu den eminenten Krisen, in diesem Buch für Sie zu beschreiben.

Trotz aller Krisen schaffte es beispielsweise eines der von mir gehaltenen Unternehmen, nämlich Apple, erneut, die höchste Marktkapitalisierung, also den höchsten Börsenwert zu erklimmen, den je ein aktiennotierter Konzern verzeichnete. Unvorstellbare 43 000 Prozent Zuwachs verbuchte das Unternehmen in den letzten 20 Jahren – oder vielmehr seine Aktionäre.

Apple steht für jene Unternehmen, die einen jahre- oder gar jahrzehntelangen Megatrend ausbilden. Solche Unternehmen sind zumindest für Ihr Geld die richtige Antwort auf alle Krisen.

Warum und wie ich dieses Konzept entwickelt habe, wie es sich in der Praxis bewährt und wie Sie es selbst anwenden können, ist Gegenstand dieses Buches. Dabei habe ich darauf verzichtet, unnötige technische Details anzugeben. Ich möchte Ihnen kein Lehrbuch für professionelle institutionelle Trader vorlegen, eines, das Sie an ein Buch der höheren Mathematik erinnert, sondern ich möchte meine Gedankenwelt skizzieren. Es geht darum, »More time to live – mehr Zeit zum Leben« als Lebenskonzept umzusetzen.

Aktien: Gute Wahl – Megatrends: die bessere Wahl

Aktien sind seit über einhundert Jahren die erfolgreichste Anlageklasse, die es gibt. In diesem Buch werde ich sachlich und neutral beschreiben, mit welchen grundsätzlichen Anlagestrategien Sie Indizes-Entwicklungen wie die von Dax und Dow Jones, sehr einfach und sicher sogar, hinter sich lassen können. Alle von mir vorgestellten Strategien können Sie ganz leicht selbst umsetzen. Zudem werde ich erläutern, warum Sie gerade in diesen Krisenzeiten, einschließlich der hohen Inflation, mit Aktien die beste Wahl treffen – und diese Wahl treffen müssen.

Gern lade ich Sie ein, sich mit mir systematisch die auch jetzt noch erfolgreichen Aktien anzusehen: Megatrend-Unternehmen und -Aktien wie den oben genannten Konzern Apple.

Apple und ähnlich erfolgreiche Unternehmen schreiben eine lange gesellschaftliche Erfolgsgeschichte, die sich auch an den Börsen in einer schwindelerregenden Performance niederschlagen.

Die damit einhergehenden Trends lassen sich an den Börsen mit einem Multi-Faktor-System identifizieren und nutzen. Das große Geld werden Sie an den Aktienmärkten auch und vor allem in Krisenphasen nur mit den ganz großen Wellen verdienen. In diesem Sinne wünsche ich Ihnen einige gewinnbringende Stunden mit diesem Buch.

Mit den besten Grüßen

Ihr
Michael Proffe

I

INFLATION VORAUS? WAS SIE ÜBER SACHWERTE, IMMOBILIEN UND GOLD WISSEN SOLLTEN

Das Jahr 2022 hat schlecht begonnen – nicht allein wegen des Ukraine-Krieges. Auch wegen der hohen Inflationsraten in den USA, der Euro-Zone und bei uns in Deutschland. Länder und Regionen haben sich in den vergangenen Jahrzehnten immer stärker verschuldet und damit die Zentralbanken veranlasst, die Geldmenge dramatisch zu erhöhen.

In diesem Abschnitt werden Sie erfahren, warum die Inflationsrate so hoch ist. **Sie werden erfahren, wie die Inflation Ihre Kaufkraft zerstört. Vor allem aber werden Sie lesen, was Ihnen in dieser Situation hilft: nämlich Aktien in jeglicher Form.** Sämtliche anderen Sparformen, auch Lebensversicherungen et cetera, können Sie im Kampf gegen die Inflation praktisch nicht einsetzen.

Steigende Geldmenge, steigende Inflation

Zunächst möchte ich darstellen, warum die Inflationsrate so unglaublich steigt und wie schnell Sie damit die Kaufkraft Ihres Vermögens verlieren werden.

Eingangs schrieb ich, die Zentralbanken hätten die Geldmenge erhöht. Wie das?

Zum einen kaufen Zentralbanken bei historisch niedrigen Zinsen Anleihen von Staaten und Unternehmen auf. Wären die Zinsen höher und marktgerecht, könnten die Staaten – und Unternehmen – sich die so verzinsten und damit im Durchschnitt höheren Schulden nicht mehr leisten. **Die niedrigen Zinsen, die Sie auch als Sparer seit Jahren erhalten, sind ein direktes Ergebnis des Geldbedarfs der Staaten, die sich Geld leihen.**

Zum anderen können Staaten mit niedrigen Zinsen die Kreditvergabe bei Banken ankurbeln. Geschäftsbanken schreiben neue Kredite jeweils den Konten der Kreditnehmer zu. Damit stehen die neuen Kredite auf den Konten und können per PayPal oder Kreditkarten direkt ausgegeben werden, stellen also Geld dar.

Banken aber nutzen dafür nur zu einem Bruchteil das vorhandene Geld. Sie dürfen Kontoguthaben praktisch bis zu 90 Prozent weiterverleihen. Damit existiert das Geld somit einmal auf dem Konto des Sparers und einmal als Gutschrift auf dem Konto des Kreditnehmers. Die Geldmenge hat sich damit praktisch verdoppelt.

Dieser Trick funktioniert seit Jahrhunderten, weil Banken wissen, dass Kontoinhaber ihr Geld nur äußerst selten vollständig auf einen Zeitpunkt hin abheben. Das sind Erfahrungswerte. Damit aber wird die Ursache der steigenden Geldmenge sichtbar.

Mehr Geld entsteht durch höhere Schulden. Und die Zentralbanken heizen die Geldproduktion durch niedrigste Zinsen an.

Je höher die Geldmenge im Vergleich zu Menge und Wert der produzierten Waren, desto größer die Inflationswahrscheinlichkeit, so die grobe Vorstellung in der volkswirtschaftlichen Lehre. Auf den ersten Blick ist dies intuitiv richtig, da eine größere Geldmenge sich in einer größeren Nachfrage äußern sollte, die wiederum die Preise steigen lassen wird.

Weitergehende Erklärung

Die Theorie ist insofern unvollständig, als ein wichtiger Punkt fehlt: die sogenannte Umlaufgeschwindigkeit des Geldes. Geld wird nicht mit einer konstanten Geschwindigkeit ausgegeben und weitergereicht, sondern in Wellen. Sie werden dies vielleicht aus dem privaten Bereich kennen: Es gibt Phasen mit größeren Ausgaben und immer wieder auch Sparphasen.

Die Umlaufgeschwindigkeit des Geldes ist neben der (steigenden) Geldmenge der Haupttreiber der Inflation, wie wir sie jetzt erleben. Ihr Geld und auch Ihr Vermögen verliert aktuell deutlich an Wert.

Grund dafür ist der sinkende Sparwille in der den harten Corona-Wellen folgenden Phase. Geben auch Sie mehr Geld in der Innenstadt aus? Dann sind Sie an der steigenden Inflation beteiligt.

Dass die Inflation gerade jetzt massiv zunimmt, hat also zwei Gründe: die steigende Geldmenge und die wachsende Umlaufgeschwindigkeit des Geldes; weil die Menschen weniger sparen.

Damit komme ich auf den Punkt: Sehr wahrscheinlich wird die Inflationsrate für einen längeren Zeitraum genau deshalb hoch bleiben. Die Geldmenge bleibt ohnehin auf einem hohen Niveau, zusätzlich aber geben die Menschen das Geld schneller aus.

Wenn Sie Ihr Vermögen und Ihre Kaufkraft erhalten wollen, müssen Sie sich sehr wahrscheinlich mittel- und langfristig um die richtige Anlage kümmern. Sehen Sie sich an, wie vor unseren Augen Vermögen durch eine steigende Geldmenge und eine steigende Umlaufgeschwindigkeit anfangen zu schmelzen.

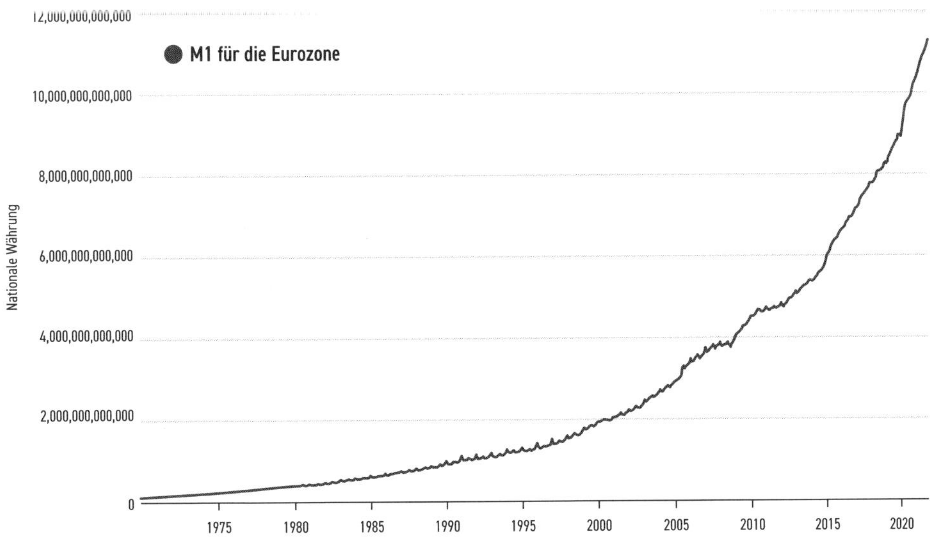

Abb. 1: Die Geldmenge steigt (hier M1 = Bargeld und Kontoguthaben mit maximal 30 Tagen Frist)

Quelle: Fred.stlouisfed.org, Organization for Economic Co-operation and Development

In der Abbildung sehen Sie die Geldmenge M1 in der Eurozone, die auch die Guthaben auf Bankkonten umfasst, die Sie sofort abheben können. Sie sehen, dass die Geldmenge im Kern immer stärker steigt. In einem zweiten Chart (Abbildung 2) sehen Sie die Umlaufgeschwindigkeit. Für die Geldmenge M1 gilt die oberste Linie im Chart V1. Die Umlaufgeschwindigkeit dieser Geldmenge sinkt seit vielen Jahren und ist zuletzt 2020/2021 an einem neuen Tiefpunkt angekommen.

Die Umlaufgeschwindigkeit aber ist nur eine andere Sichtweise auf die Sparquote. Ich bin mir sicher, dass die Sparquote über kurz oder lang wieder sinken wird, nachdem die meisten Menschen während der Corona-Phase sehr viel gespart haben.

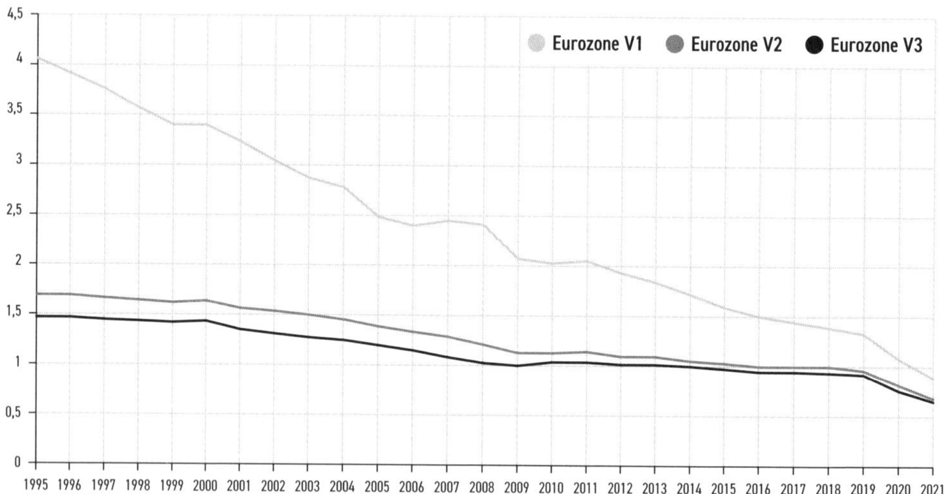

Abb. 2: Die Umlaufgeschwindigkeit des Geldes war in der Euro-Zone auf einem Tiefpunkt angekommen.

Quelle: Tagesgeldvergleich.net

Abbildung 2 verdeutlicht, dass die Umlaufgeschwindigkeit praktisch auf einem Tiefpunkt angekommen ist oder war. Dreht sich der Wind, wie es nun passiert, wird bei steigender Geldmenge das Preisniveau steigen. Deshalb zahlen Sie so viel mehr als zuvor für Waren und Dienstleistungen. Leider ändert sich an den Ausgangsvoraussetzungen gar nichts.

Die Staaten haben weiterhin extrem hohe Schulden und erzeugen über die niedrigen Zinsen praktisch einen enormen Geldstrom.

Zwischenfazit: Die Inflationsrate ist durch die niedrigen Zinsen und die damit einhergehenden hohen Schulden gewachsen. Die Staaten und die Zentralbanken haben dies in vollem Bewusstsein der Inflationsrisiken so angestoßen. Es gibt also keinen Anlass anzunehmen, dass dieser Prozess schnell endet.

1 Die Inflation steigt unaufhörlich

Die Inflationsrate fällt mit gut 5 Prozent im Februar 2022 schon viel zu hoch aus. Denn die meisten Menschen können diese Inflation nicht mehr mit ihren Einkommen abfangen. Allerdings ist die Inflationsrate für Sie im realen Leben möglicherweise deutlich höher. Die Konzepte des Statistischen Bundesamtes zur Messung der Inflationsrate sind mehrfach geändert worden. Ob damit die Realität besser abgebildet wird?

Sie sehen hier die Inflationsrate, wie sie sich in der jüngeren Zeit entwickelt hat.

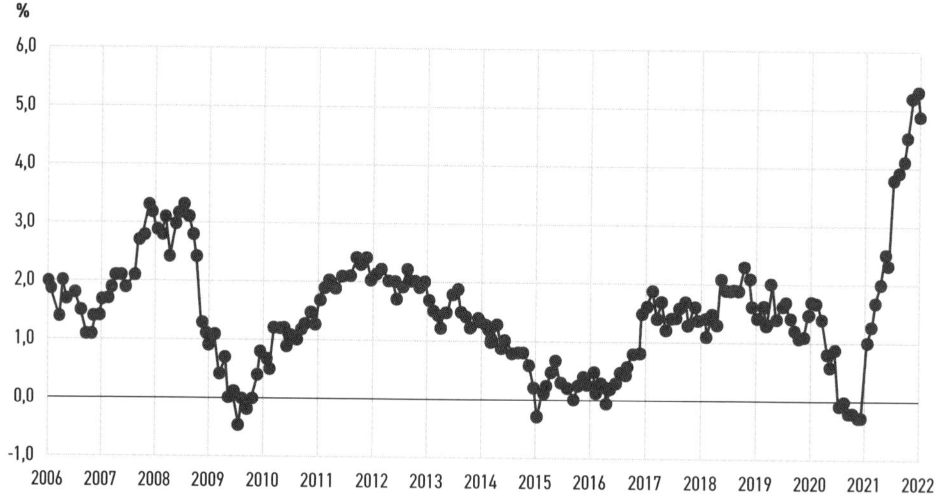

Abb. 3: Die Inflationsrate in Deutschland

Quelle: inflationsrate.com

Im Vergleich zu den vorhergehenden Jahren ist die Inflationsrate ersichtlich explodiert. Diese Entwicklung kann niemanden verwundern. Die zuvor genannten Gründe sind dafür verantwortlich, dass dies auch in den kommenden Monaten so bleiben wird.

- Die Zinsen sind extrem niedrig und werden – wenn überhaupt – nur in kleineren Etappen steigen.
- Die Geldmenge wächst fast unaufhörlich und
- die Umlaufgeschwindigkeit steigt in dem Maße, in dem die Sparquote niedrig bleibt.

Für Sie sind die Konsequenzen dieser Entwicklung enorm. Sie zahlen auf Ihr Einkommen Steuern und Sozialabgaben. Die Abgabenquote liegt bei ungefähr 40 Prozent. Eine Inflationsrate in Höhe von 5 Prozent wiederum könnten Sie mit Ihrem Einkommen nur dann ausgleichen, wenn Sie gut 8,3 Prozent mehr verdienen. 40 Prozent von 8,3 Prozent entsprechen einer 5-Prozent-Netto-Inflationsrate.

Die meisten von uns werden mit ihren normalen Arbeitseinkommen 2022 und in den kommenden Jahren jedoch nicht 8,3 **Prozent** mehr verdienen, um damit zumindest die Inflation auszugleichen. Sie werden bei einer hohen Inflationsrate an Kaufkraft verlieren.

Diese Aussicht steht einem entspannten Leben leider entgegen – ginge die Entwicklung einfach weiter, würden Sie also Jahr für Jahr unter dem Strich weniger kaufen können.

Dies ist ein Umstand, über den weder die Politik noch die großen Medien berichten – sie wissen es nicht oder wollen es nicht wissen. Die Wirtschaftswissenschaften nennen diesen Umstand den »Schleier der Unwissenheit«.

Leider hält die Realität einige weitere Überraschungen für Sie bereit. Wie ändert sich die Situation, wenn Sie davon ausgehen, dass die Inflation für Sie noch wesentlich höher ist? Ich möchte und muss Sie mit diesen Hinweisen konfrontieren, damit Sie solide kalkulieren können. Denn am Ende werden Sie mir Recht geben, wenn ich Ihnen die Lösung für all diese Probleme präsentiere.

2 Das Konzept der wahren Inflation

Wenn also die Inflation, die Sie im realen Leben erleben, höher sein sollte als die genannten 5 Prozent, müssten Sie zum Ausgleich folglich noch mehr Geld verdienen. Schon deshalb haben sich zahlreiche Ökonomen daran versucht, eine bessere, eine »wahre Inflationsrate« zu ermitteln.

Es gibt Ökonomen, die bestimmen die Inflationsrate anders – nicht mit einem Einkaufskorb, der vermeintlich repräsentativ zusammengestellt und nach seinen Bestandteilen gewichtet wird, sondern als Vergleich. Das offizielle Wirtschaftswachstum wird dabei dem Geldmengenwachstum gegenübergestellt.

Die Überlegung ist zumindest nicht unplausibel: Wenn das Wirtschaftswachstum – gemessen in Preisen für Waren und Dienstleistungen – höher ist als das Geldmengenwachstum, wird die Inflationsrate sogar sinken, zumindest nach deren Ansicht. Umgekehrt bedeutet ein höheres Geldmengenwachstum gegenüber dem Wirtschaftswachstum, dass die Inflation zunimmt.

Diese »wahre Inflation« ist wie beschrieben nur ein Konzept, dass das Ausmaß der Teuerung auf andere Weise berechnet. Und diese wahre Inflation ist ausgesprochen hoch, sie lag schon im vergangenen Winter bei mehr als 13 Prozent. Die Geldmenge steigt im Moment nicht mehr ganz so schnell, was für die künftige Entwicklung ebenfalls zu erwarten ist.

Leider wird auch das Wirtschaftswachstum nicht sonderlich stark ausfallen, da wir derzeit Lieferkettenschwierigkeiten, sehr hohe Rohstoffpreise und eine enorme Verschuldung erleben. Das bedeutet auch nach dieser Art der Berechnung, dass die Inflationsrate hoch bleibt. Sie werden also auch in den kommenden Monaten und möglicherweise auch in den nächsten Jahren viel mehr Geld für Ihre Produkte und Dienstleistungen aufbringen müssen als bislang.

Monat/Jahr	Geldmenge M3	BIP	Inflation
Dez 21	6,90 %	1,40 %	5,50 %
Nov 21	7,30 %	1,40 %	5,90 %
Okt 21	7,70 %	1,40 %	6,30 %
Sep 21	7,50 %	2,50 %	5,00 %
Aug 21	7,90 %	2,50 %	5,40 %
Jul 21	7,60 %	2,50 %	5,10 %
Jun 21	8,30 %	9,80 %	-1,50 %
Mai 21	8,50 %	9,80 %	-1,30 %
Apr 21	9,20 %	9,80 %	-0,60 %
Mrz 21	10,10 %	-3,30 %	13,40 %
Feb 21	12,20 %	-3,30 %	15,50 %
Jan 21	12,50 %	-3,30 %	15,80 %
2020	12,40 %	-4,90 %	17,30 %
2019	4,90 %	0,60 %	4,30 %
2018	4,10 %	1,30 %	2,80 %
2017	3,80 %	2,20 %	1,60 %
2016	4,90 %	1,90 %	3,00 %
2015	4,70 %	1,70 %	3,00 %

Abb. 4: Die »wahre Inflation« bis Ende 2021

Quelle: goldsilber.org

Wenn Sie in den Medien oder aus der Politik lesen oder hören, die Inflation werde nun bekämpft, sollten Sie misstrauisch bleiben. Diese Inflation wird nach allen Regeln der Kunst analysiert werden – und auch künftig hoch sein. Sie wird Ihnen die Aufgabe zuweisen, sehr viel Geld verdienen zu müssen.

3 Die USA: Hier zeigt sich die hohe Geldentwertung

Die USA sind und bleiben weiterhin die wichtigste Volkswirtschaft der Welt. Es gibt Schätzungen, wonach die USA für ungefähr 25 Prozent der gesamten Weltwirtschaft verantwortlich sind – unter anderem auch deshalb, weil sie, wenngleich hochverschuldet, immer noch viele Waren importieren.

Im Umkehrschluss bedeutet das für uns alle, dass die USA auch maßgeblich für die weltweite Entwicklung der Wirtschaft sein werden. Der US-Dollar dominiert an den Weltmärkten und wird – nebenbei bemerkt – in dieser Funktion auch militärisch abgesichert. Es ist undenkbar, dass Rohöl oder andere Rohstoffe in naher Zukunft nicht in US-Dollar gehandelt werden.

Daher sollten Sie sich für die US-Inflation interessieren, denn auch der US-Dollar wird aktuell enorm entwertet. Eines Tages werden uns vor allem die USA – mit deren steigender Inflationsrate – genau jene Rahmenbedingungen liefern, die uns eine ebenso hohe Inflationsrate bescheren.

In den USA herrschte Anfang 2022, noch vor dem Ausbruch des Ukraine-Krieges, eine Inflationsrate in Höhe von 7,5 Prozent. Damit verliert der US-Dollar noch schneller an Wert als etwa der Euro.

Eine Entwicklung, die sich auch bei uns in einer langfristigen Inflation niederschlagen wird – eben weil der US-Dollar eine so große Bedeutung hat.

Es gibt eine Institution in den USA, die sich mit einer sehr plausiblen Bestimmung der Inflationsrate beschäftigt hat. Shadowstats.com misst die Inflation sowohl nach Methoden, die 1980 angewandt wurden, als auch mit Methoden, die 1990 Anwendung fanden. Auch in den USA wurden diese Methoden entsprechend angepasst.

Die offizielle Inflationsrate wird also nur in dem Sinne korrigiert, in dem die Änderungen in der Berechnung entfallen. Das Ergebnis wird Sie – leider – zum Staunen bringen.

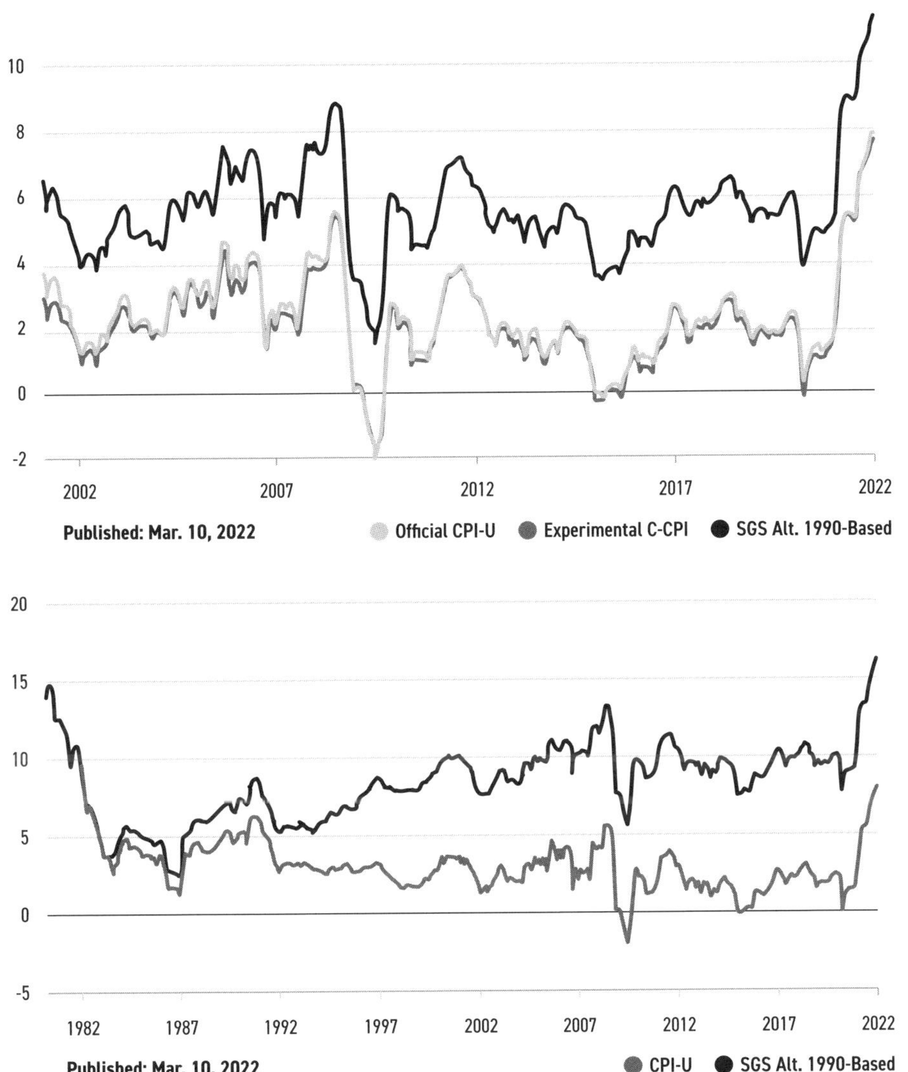

Abb. 5: Die offizielle und inoffizielle Inflationsrate in den USA – die Auswirkungen für uns sind enorm.

Quelle: Mit freundlicher Genehmigung von ShadowsStats.com: http://www.shadowstats.com/charts_republish

Sie sehen in diesem Chart die Inflationsrate auf Basis der 1990er-Methode (dunkle Linie; oberer Chart) und auf Basis der 1980er-Methode (dunkle Linie; unterer Chart). Die Inflationsraten sind beeindruckend, oder eben bedrückend, hoch. Wohlgemerkt: Sie müssen damit rechnen, dass dies Einfluss für unsere Inflationsrate hat.

Der Mechanismus ist recht einfach: Zahlen Sie zum Beispiel für den Import von Rohöl (direkt oder indirekt an der Tankstelle), werden Sie bei einem schwächeren US-Dollar die dann höheren Preise in Kauf nehmen müssen. Da der Euro-US-Dollar-Kurs selbst sich kaum ändert, wird die Inflationsrate in den USA zu uns importiert.

Sehen Sie sich in Abbildung 5 die Inflationsrate nach den Berechnungen aus dem Jahr 1980 an: Demnach würde die Inflationsrate sogar bei mehr als 15 Prozent liegen.

Es ist unwahrscheinlich, dass die Inflationsrate bei uns schnell fallen wird, wenn die Inflationsrate in den USA derart aus den Fugen gerät.

Ich fasse zusammen:

- Die offizielle Inflationsrate ist mit 5 Prozent in Deutschland bereits hoch.
- Die wahre Inflationsrate auf Basis der Geldmenge zeigt an, dass die Inflationsrate sogar noch etwas höher ist und wahrscheinlich auch bleiben wird.
- Die US-Inflationsrate ist auf Basis älterer Berechnungsmethoden bereits immens explodiert und erreicht 10 bis 15 Prozent.

Ist und bleibt, zumindest im Ansatz, die Inflation so hoch, müssen Sie mindestens 8 Prozent, eher deutlich mehr, pro Jahr zusätzlich verdienen, um einen Ausgleich zu schaffen. Dies wird den meisten von Ihnen beziehungsweise uns allen, bezogen auf das gesamte Einkommen, nicht gelingen.

Dieses Problem wiederum werden die meisten Menschen mit immensen Vermögensverlusten zahlen. Ich schlage Ihnen eine Lösung vor.

Sie sollten mit Ihrer Geldanlage versuchen, die Inflationsrate so weit als möglich auszugleichen.

Immer wieder fragen besorgte Investoren an, welche Anlageklasse sich eignet. In Deutschland hat sich vor allem der Vermögensverwalter Gerd Kommer wissenschaftlich mit dieser Frage auseinandergesetzt. Das Ergebnis dürfte Sie beeindrucken.

Sie sehen in dieser Auswertung (Abbildung 6), welche Renditen die verschiedenen Anlageklassen **nach** Berücksichtigung der offiziellen In-

	Welt in USD	USA	Groß-britannien	Nieder-lande	Norwegen	Schweiz	Deutsch-land	Österreich
Aktien	5,1	6,4	5,5	5,0	4,3	4,4	3,3	0,8
Langfr. Staats-anleihen	1,8	2,0	1,8	1,8	1,8	2,3	Negativ	negativ
Kurzfr. Staats-anleihen	-	0,8	1,0	0,6	1,1	0,8	Negativ	negativ
Haus-preise	-	0,4	-	0,6	0,8	-	-	-
Gold	0,6	-	-	-	-	-	-	-
Roh-stoffe	0,2	-	-	-	-	-	-	-

** alle Angaben in % pro Jahr*

Abb. 6: Wissenschaftliche Ergebnisse zur Inflationssicherheit von Geldanlagen

Quelle: https://www.gajowiy.com/2018/09/28/das-gro%C3%9Fe-missverst%C3%A4ndnis-wo-gerd-kommer-irrt/

flationsrate langfristig geschafft haben. So haben Aktien zwischen 1900 und 2016 pro Jahr weltweit 5,1 Prozent p. a. nach Berücksichtigung der Inflationsrate gebracht.

In den USA haben die Unternehmensanteile sogar 6,4 Prozent p.a. geschafft, in Großbritannien mit 5,5 Prozent etwas weniger und in Deutschland immerhin noch 3,3 Prozent p. a. Hier dürften sich vor allem der Erste und Zweite Weltkrieg bemerkbar gemacht haben. Dennoch sind die Renditen mit beachtlichem Abstand positiv. Die Daten zeigen den sehr großen Trend auf und sind selbstverständlich in einzelnen Phasen ungünstiger, oft aber auch günstiger.

Die Erkenntnis aber lautet: **Aktien schützen nachweislich langfristig gegen die Auswirkungen und die schleichende Enteignung durch die Inflation.**

Die anderen Assetklassen funktionieren bei Weitem schlechter. So hat der Goldpreis weltweit pro Jahr 0,6 Prozent p. a. nach Inflation zugelegt. Diese Berechnung berücksichtigt jedoch nicht, dass der Ankauf und die Lagerung von Gold ausgesprochen teuer sind. Nach Berücksichtigung der Gebühren dürfte die Rendite bei weniger als 0 Prozent liegen. Besonders der An- und Verkauf von Gold kostet bei großen Händlern einen enormen Spread. Dies ist der Unterschied zwischen An- und Verkaufskursen für das gelbe Edelmetall.

3.1 Anleihen: Unsicher

Viele Anleger setzen zudem gerne auf Anleihen. Die Schuldpapiere gelten als sicher, zumal dann, wenn Staaten sie herausgegeben haben. Tatsächlich aber ist die langjährige Rendite nach Abzug der Inflationsrate in verschiedenen Staaten mit etwa 2 Prozent p. a. deutlich geringer als bei Aktien. In Deutschland ist die langfristige Rendite sogar negativ.

Noch schlechter wird die Bilanz, wenn Sie bedenken, dass Staatsanleihen auch ausfallen können, wenn Staaten in Zahlungsschwierigkeiten geraten. Einen solchen Staatsbankrott gibt es im Weltmaßstab betrachtet praktisch immer wieder. Argentinien hat mehrfach einen Bankrott angemeldet, die Ukraine und so fort. Anleihen sind demnach weder sicher noch bringen Sie Ihnen eine hohe Nach-Inflationsrendite.

Dasselbe Phänomen zeigen auch kurzfristige Staatsanleihen, wie Sie Abbildung 6 gleichfalls entnehmen können. Diese Anleihen bringen bei einer kürzeren Laufzeit sogar noch weniger, sind aber gegenüber Ausfällen etwas sicherer.

3.2 Immobilien: Die große Falle

Bleiben noch Immobilien als Anlageklasse. Immobilien schützen Sie gegen die Inflation, lesen Sie in zahlreichen Beiträgen und Büchern. Das ist nicht richtig. Zum einen sehen Sie an der langjährigen Sammlung wissenschaftlicher Daten, dass dies keineswegs so sein muss. Die Preise sind um weniger als 1 Prozent p. a. – nach Inflation – gestiegen.

Hier wird nicht berücksichtigt, dass beim Immobilienhandel stets Grunderwerbsteuer an den Staat anfällt und dass Sie außerdem Grundbuch- und Notarkosten tragen müssen. Zudem wird nicht sichtbar, dass Sie a) Finanzierungskosten haben, da Sie den Betrag in einem Zug überweisen müssen, und b) auch selbst oftmals noch in die Immobilien investieren, bevor diese am Ende verkauft werden könnte.

Faktisch werden Immobilien selbst in dieser langfristigen Anti-Inflationsbetrachtung noch eine negative Rendite bringen.

Wenn Sie jetzt noch in Immobilien investieren möchten, um sich gegen die Inflation zu sichern, wird das aktuell hohe Preisniveau den Inflationsschutz verhindern. Sie würden derzeit in Deutschland Rekordsummen investieren müssen. Auf diesem Niveau werden dann noch Notargebühren und Steuern (Grunderwerbsteuer) fällig. Diese Rekordpreise legen nahe, dass die Immobilienblase eines Tages offenbar wird und »platzt«, wie es etwas flapsig heißt.

Steigen die Zinsen in Deutschland oder in der gesamten Euro-Zone, wird die Nachfrage nach Immobilien deutlich geringer ausfallen, da zahlreiche Investoren sich keine Darlehen werden leisten können. Dies trifft größere Investoren aus dem Ausland ebenso, die Immobilien-Investitionen als Hebel einsetzen: Ein großer Teil der Investments sind Einlagen Dritter, etwa bei Pensionsfonds, offenen Immobilienfonds oder geschlossenen Immobilienfonds. Steigen die Zinsen, werden die Anlagen automatisch unrentabler.

4 Die Folgen der Inflation: Kaufen Sie Aktien

Aus diesen grundsätzlichen Überlegungen und Daten folgt, dass Sie sich derzeit und auch zukünftig für längere Zeit praktisch nur mit Aktien vor den Folgen der Inflation schützen können. Zahlreiche Unternehmen können in einer inflationären Phase die steigenden Einkaufspreise auch auf der Verkaufsseite durchsetzen. Aktien solcher Unternehmen können auch an der Börse immer wieder schwanken.

Dabei wird nicht jedes Unternehmen in der Gewinnzone sein. Ganz im Gegenteil: Es gibt eine Untersuchung mit mehr als 60 000 Aktien, bei der festgestellt wurde, dass ein Großteil an Aktien nach einigen Jahren im Minus landet.

Wenige hundert Unternehmen, Unternehmen mit einem großen langfristigen Trend, werden zum idealen Inflationsschutz, was auch die gesamte Anlageklasse der Aktien insgesamt positiv erscheinen lässt.

Es ist also – leider – nicht damit getan, einfach irgendwelche Aktien zu kaufen. Einen wirksamen Inflationsschutz werden Sie nur dann erhalten, wenn Sie langfristig in Unternehmen investieren, die ihren jeweiligen Markt beherrschen, Trendsetter sind und auch an den Börsen als (langfristige) Trend-Werte wahrgenommen werden.

Gerade in der aktuellen Inflationsphase sind kurzfristige Trading-Strategien, die besonders hohe Gewinne versprechen (sollen), zumindest aus der Erfahrung der vergangenen Jahrzehnte und auch aus wissenschaftlicher Sicht keine vielversprechende Wahl.

Ganz im Sinne von Warren Buffett, dem erfolgreichsten Investor aller Zeiten: Denken Sie langfristig und konzentrieren Sie sich auf besondere Unternehmen. Dann haben Sie für die aktuell hohe und vermögensvernichtende Inflation eine ideale Anlageform – und können dabei entspannt schlafen und Ihr Leben genießen.

II

DIE BESTEN ANLAGESTRATEGIEN DER WELT

Die meisten Menschen in Deutschland scheuen das vermeintliche Risiko, Geld an den Aktienmärkten anzulegen. Stattdessen sind bei uns Lebensversicherungen mit sogenannten »Garantiezinsen« über lange Jahrzehnte praktisch in jedem Haushalt das A und O der Langfristvorsorge gewesen.

Die Garantiezinsen beziehen sich bei Lebensversicherungen zwar nicht auf Ihren eingezahlten Betrag, sondern lediglich auf das, was nach Abzug der Vertriebskosten für die Lebensversicherung übrig bleibt, dennoch haben es die Versicherungen dazu gebracht, »Deutschlands Liebling« zu werden.

Aktien bringen durchschnittlich mindestens 100 Prozent mehr als die besten Garantiezinsen, nur versäumen unsere Schulen es bis heute, den Menschen wenigstens das kleine Einmaleins der Börsen zu zeigen. Dabei ist die Geldanlage an den Aktienbörsen im Kern nicht so schwierig. Ich lade Sie dazu ein, sich die Ergebnisse grundsätzlicher Strategien selbst anzusehen, zu vergleichen und auch meinen bevorzugten Ansatz, die Trendfolge, in diesem Zusammenhang möglichst wohlwollend zu prüfen.

Die Trendfolge, richtig angewandt, erlaubt es Ihnen, ohne immensen Zeitaufwand und bei entsprechender Geduld ohne allzu große Risiken weit überdurchschnittliche Erträge zu erzielen. Es ist erstaunlich, dass das Misstrauen gerade an den deutschen Schulen und Universitäten noch immer groß ist, obwohl sich das Prinzip der wichtigsten Anlagestrategien auf wenigen Seiten zeigen lässt – und historische Daten sehr nahelegen, dass die Chancen überdurchschnittlich sind.

1 Der Überblick über verschiedene Ansätze

Grundsätzlich finden sich zahlreiche Ansätze für die Aktienanlage, mit denen Sie an den Börsen Erfolge erzielen konnten. Darüber hinaus gibt es diesbezüglich eine Vielzahl an Statistiken, die ich im Laufe der Jahre gesichtet habe. Eine Statistik hat es mir besonders angetan, weil ich deren Zeitraum für sehr repräsentativ halte. Es sind insgesamt acht verschiedene Ansätze über den Zeitraum von 1989 bis 2012 gemessen worden.

2012 war die Finanzmarktkrise aus den Jahren 2007 bis März 2009 endgültig beendet. In den darauffolgenden Jahren sind die Börsen überdurchschnittlich stark gewesen, womit das Ergebnis mutmaßlich sogar etwas zu positiv verfälscht würde. Deshalb ist der Endpunkt, das Jahr 2012, tatsächlich eine gute Wahl.

Die Statistik der unterschiedlichen Strategien habe ich folgend in Abbildung 7 für Sie notiert und stelle Ihnen die gedanklichen Ansätze dazu vor.

Die ausgeführten Strategien sind über den sehr lebendigen Zeitraum von 24 Jahren jeweils ausgesprochen erfolgreich gewesen. Dabei verfolgen die Vorgehensweisen unterschiedliche Ansätze, die grundsätzlich interessant sein können. Ich habe mich schon vor langer Zeit für Ansätze der Trendfolge entschieden, weil die Systeme der Trendfolge letztlich die besten Ergebnisse bringen. Dennoch sind die systemischen Strategien, die Sie hier sehen, auch in anderen Varianten durchaus erfolgreich. Die Aufzählung soll Ihnen demonstrieren, dass es sich insgesamt lohnt, strategisch vorzugehen: Die Börsen belohnen es, wenn Sie **aktiv** und **nicht passiv** investieren.

Die hier untersuchten Strategien finden Sie nach der jährlichen Durchschnittsrendite geordnet. Das wichtigste Ergebnis: Der Dax hat in all den Jahren eine durchschnittliche Rendite von 7,6 Prozent geschafft und damit jeweils eine schlechtere Performance realisiert als die gängigen und typischen Strategien. Die Spannbreite ist enorm; selbst die sehr simple

Strategie	GD-200-Linie	Sell-In-Summer	Flop-Top	MACD	Dividen-den-Top-5	Value-Growth	Stop-Loss	Dax
Ansatz	Trendfolge	saisonal	Kennzahlen	Trendfolge	Kennzahlen	Kennzahlen	Verlustbe-grenzung	
1989	21,30	33,30	47,30	20,30		39,80	34,80	34,80
1990	6,70	10,70	-5,70	-2,70		-3,60	-10,00	-21,90
1991	0,40	14,00	27,20	17,80		15,20	12,90	12,90
1992	10,90	7,40	5,60	6,20		7,30	-2,10	-2,10
1993	31,50	39,40	50,90	37,40	52,60	51,20	46,70	46,70
1994	1,60	-1,10	0,40	-6,70	-15,50	-2,30	-10,00	-7,10
1995	42,60	8,50	6,60	5,20	-0,10	5,00	7,00	7,00
1996	23,50	20,20	26,60	17,60	30,30	32,30	28,20	28,20
1997	15,90	54,90	54,60	42,90	35,40	59,70	46,20	46,20
1998	-7,50	51,50	23,70	33,00	41,80	20,70	18,40	18,40
1999	43,60	38,10	56,30	30,30	53,40	36,20	39,10	39,10
2000	32,80	-1,90	-11,80	12,10	-10,20	-2,30	-10,00	-7,50
2001	-1,70	4,30	-7,20	-3,00	-5,70	-1,60	-10,00	-19,80
2002	30,30	-25,9	-42,30	-10,40	-30,50	-40,30	-10,00	-43,90
2003	27,30	45,10	40,00	21,00	41,20	25,30	-10,00	37,10
2004	30,40	7,40	0,90	11,20	17,60	5,40	7,30	7,30
2005	-0,50	23,40	15,80	22,50	23,80	33,80	27,10	27,10
2006	44,20	16,00	23,30	20,80	38,10	20,00	22,00	22,00
2007	-4,20	18,10	17,30	2,70	9,60	26,50	22,30	22,30
2008	33,50	-32,30	-21,40	-11,80	-33,80	-36,80	-10,00	-40,40
2009	11,10	16,70	53,40	9,20	25,20	21,10	-10,00	23,80
2010	8,20	14,70	25,20	0,10	-0,50	-8,30	16,10	16,10
2011	15,20	9,30	-13,00	-7,00	-17,30	-12,00	-10,00	-14,70
2012	24,40	21,50	10,70	15,40	23,50	22,20	29,10	29,10
% p. a.	17,40	14,40	12,90	10,90	10,70	10,30	9,30	7,60
Aus 1000 Euro wurden	46 993,12	25 247,86	18 393,09	11 977,25	11 469,46	10 515,07	8450,53	5800,89

Abb. 7: Verschiedene erfolgreiche mechanische Anlageansätze für Ihr Depot im Zeitvergleich

Quelle: Börse-Online, Bloomberg

Stop-Loss-Strategie hat pro Jahr 2 Prozentpunkte mehr geschafft und verwandelte 1000 Euro schließlich in 8500 Euro – dies sind immerhin annähernd 3000 Euro mehr als der Dax geschafft hätte.

1.1 Der Zauber von Zins und Zinseszins

Die Siegerstrategie, eine einfache Trendfolge-Strategie namens 200-Tage-Strategie, hat eine jährliche Rendite von 17,4 Prozent geschafft. Dies sind »nur« 10 Prozentpunkte mehr, als der Dax jährlich brachte. Aus 1000 Euro wurden jedoch statt 5800 Euro mehr als 46 900 Euro. Das Geheimnis des großen Erfolges aber ist der wiederholte Vorsprung der besseren Strategie: Zins und Zinseszinseffekte werden mit der Zeit exponentiell erfolgreicher sein, also eine wesentlich steilere Erfolgskurve beschreiben.

Wenn Sie also zwischen einzelnen Strategien abwägen, können geringfügige Unterschiede im Laufe der Zeit den Unterschied zwischen einem Gartenhäuschen und einem Mehrfamilienhaus bedeuten.

Sie sehen sogar, dass die Strategie der 200-Tage-Betrachtung dazu führt, dass sie im Vergleich zur zweitbesten Strategie, einer saisonalen Strategie, zwar nur um 3 Prozentpunkte jährlich, aber im Endergebnis um mehr als 20 000 Euro und damit fast 100 Prozent besser abschnitt.

Folgend werde ich Ihnen verschiedene Strategien gerne kurz erläutern, schon um zu unterstreichen, dass systematische Vorgehensweisen in der Regel bessere Ergebnisse bringen als ein Index wie der Dax.

2 Strategien, die auf dem Dax basieren

Die Strategien, die ich Ihnen hier vorstellen möchte, wurden jeweils auf Basis des Dax getestet. Ähnliche Ergebnisse werden sich bei allen anderen großen Indizes einstellen. Ein Index ist, wie in diesem Buch beschrieben, die wahrscheinlich langweiligste »Strategie« überhaupt. Hier stellt der Indexanbieter die Unternehmen nach Kriterien wie zum Beispiel Marktkapitalisierung zusammen, also einfach nach Größe. Eine Vorgehensweise, die nicht plausibel erscheinen lässt, dass Sie damit große Erfolge haben werden.

2.1 Die einfache Stop-Loss-Strategie

Auf Basis des Dax können Sie die Vorgehensweise gegenüber Buy-and-Hold-Investoren etwas verfeinern. Die Grundüberlegung legt nahe, dass Sie große Verlustphasen vermeiden sollten. Dies ist zumindest plausibel, da Verluste ein Signal dafür sein können, dass Sie schlecht wirtschaftende Unternehmen im Depot haben – in einem Index wie dem Dax sind es potenziell 40 schlecht wirtschaftende Konzerne.

Die Umsetzung ist simpel: Sie kaufen einfach ein Indexzertifikat oder einen ETF (börsengehandelten Indexfonds) auf den Dax.

Die Regel: Verkaufen Sie den Indextitel, wenn der Dax um 10 Prozent sinkt. Es gibt keine Zusatzregel etwa dergestalt, dass Sie bei steigenden Kursen wieder kaufen sollten oder Ähnliches.

Der Vorteil: Sie vermeiden größere Verlustjahre, indem Sie die Verluste auf maximal 10 Prozent reduzieren. Über einen längeren Zeitraum reichen demnach starke Jahre mit Gewinnen von 20, 30 und 40 Prozent, um die Verlustjahre wieder aufzufangen. Über die Jahre gesehen, steigen die Indizes durchschnittlich (da die Unternehmen durch Unternehmensgewinne Jahr für Jahr wertvoller werden). Deshalb sollten Sie automatisch über einen längeren Zeitraum Gewinne realisieren. Sie verpassen auf diese Weise allerdings die Gewinne in jenen Jahren, in denen der Dax nach einem Verlust ein großes Comeback schafft.

Fazit: Diese Strategie wird über einen längeren Zeitraum die sehr schlechten Jahre vermeiden helfen. Im Vergleichszeitraum hat dieses Vorgehen den Dax sogar hinter sich gelassen, wobei es auch Zeiträume geben kann, in denen dies nicht der Fall ist.

2.2 Die Value-Growth-Strategie

Value und Growth sind zwei Anlagekonzepte, die nahezu religiös anmuten. Es gibt zahlreiche Anleger, die auf »Value«-Unternehmen setzen. Value beschreibt die Identifikation von Unternehmen, die einen hohen, oft unentdeckten Unternehmenswert haben. Im Idealfall werden Value-Investoren mit Kennzahlen feststellen, dass ein Unternehmen laut Bilanzen eine höhere Marktkapitalisierung im Vergleich etwa zu Konkurrenzunternehmen verdient hätte. Hier ist ein langer Atem erforderlich, denn Sie müssen unterstellen, dass die Börsen den Irrtum eines Tages eingestehen und die Kurse steigen lassen – ohne dass Sie wissen können, wann dies geschieht. Growth-Investoren hingegen setzen auf Konzerne, deren Geschäft – in der Regel auch deren Umsatz – zügig wächst. Dies sind Unternehmen, die anfänglich Verluste einfahren, da die Investitionen über einen steigenden Umsatz erst nach und nach in die Gewinnphase führen.

Die Literatur findet für beide Herangehensweisen Erfolgsgeschichten – es hängt von Zeitraum und Messkonzept ab, welche der beiden erfolgreicher dargestellt wird. Die Value-Growth-Strategie geht hier anders vor.

Die Regel: Sie kaufen einfach je drei Value-Werte und drei Growth-Titel aus dem Dax. Die Value-Werte identifizieren Sie jeweils aus den fünf Aktien mit dem niedrigsten Kurs-Gewinn-Verhältnis (KGV), aus denen die drei Unternehmen mit der höchsten Dividendenrendite gewählt werden. Die Growth-Aktien werden bestimmt, indem Sie die fünf Aktien mit dem höchsten Umsatzwachstum zusammenstellen und daraus die drei mit dem größten Gewinnanstieg bestimmen. Diese insgesamt sechs

Aktien werden im Idealfall zum Jahresanfang gekauft. Dann beobachten Sie das Depot einfach über ein Jahr lang.

Der Vorteil: Sie müssen nicht darauf wetten, in welche Richtung der Markt im jeweiligen Jahr tendiert. Mal werden Value-Titel bevorzugt, mal Growth-Aktien. Sie stellen allerdings sicher, dass Sie aus beiden Herangehensweisen die attraktivsten Werte im Depot haben.

Diese Strategie hat über 24 Jahre mit 10,3 Prozent ein starkes Ergebnis gehabt und laut Übersicht (Abbildung 7) in fast jedem Jahr den Dax hinter sich gelassen. Die Belohnung zeigt sich im Endvermögen, das annähernd doppelt so groß ist wie bei der reinen Dax-Strategie.

Fazit: Diese Strategie kombiniert die beiden gängigsten Sichtweisen auf Unternehmen. Da sie beide Herangehensweisen berücksichtigt und ansonsten wenig Arbeit bereitet, ist der Erfolg umso höher zu bewerten. Sie ist langfristig erfolgversprechend. Gleichzeitig kassieren Sie eine hohe Dividende durch die Investition in die Value-Titel.

2.3 Die Dividenden-Top-5

Eine der klassischen Strategien an den Aktienmärkten, die interessante Vorteile hat, beruht auf Dividenden. Dividenden sind ein sehr interessanter und wichtiger Baustein für die erfolgreiche Anlage. Daher werde ich diesen Aspekt etwas deutlicher hervorheben.

Grundsätzlich sollten Sie bedenken, dass **Aktien lediglich verbriefte Anteilsscheine an Unternehmen sind, die im Idealfall Gewinne erwirtschaften sollen und dies in der Praxis auch schaffen.**

Als Aktionär sind Sie Mit-Eigentümer, können Ihr Eigentum bei börsengehandelten Unternehmen aber schnell und kostengünstig veräußern. Gerade diese Gesellschaftsform zwingt Unternehmen, die langfristig am Markt überleben wollen, dazu, bestmöglich zu wirtschaften. Vorstände und leitende Manager müssen angesichts der permanenten Bewertung an den Aktienmärkten liefern. Andernfalls werden zunächst die Vorstände und Manager ausgetauscht und später verschwindet möglicherweise das Unternehmen ganz vom Aktienmarkt. Indizes enthalten über einen langen Zeitraum genau jene Konzerne, die diese Gewinnvorgabe auch erzielt haben.

Das heißt letztlich nur, dass Sie an den Börsen zahlreiche Unternehmen finden werden, die erfolgreich waren, sind und bleiben. Der Markt ist andernfalls gnadenlos.

Dividenden: Ihr Anteil am Gewinn

Als Eigentümer haben Sie das Recht – und sicherlich auch den Wunsch –, an den wirtschaftlichen Erfolgen Ihres eigenen Unternehmens zu partizipieren. Gute Unternehmen werden die jährlichen Gewinne mit Ihnen in Form von Dividenden zumindest teilen und den anderen Teil der jeweiligen Gewinne dann in die Produktivität investieren.

Genau auf dieser Überlegung basieren die gängigsten Dividendenstrategien:

- Erfolgreiche Unternehmen erwirtschaften und zahlen möglichst regelmäßig Dividenden an ihre Aktionäre.
- Dividendenstarke Unternehmen sind damit offenbar wirtschaftlich erfolgreich, sofern die Ausschüttungen ausschließlich aus Gewinnen entnommen werden – und werden damit auch am Aktienmarkt eine höhere Nachfrage erzeugen.

Insofern sind Dividendenstrategien insgesamt eine gute Idee, wenn es darum geht, langfristig Geld zu verdienen. Sie müssen Geduld mitbringen und auf kurzfristige Erfolge im Zweifel verzichten. Bei den Dividenden-Top-5 ist die Vorgehensweise sehr einfach.

Die Regel: Sie müssen lediglich am 31. Dezember oder am 1. Januar aus dem Index – hier aus dem Dax – die fünf Aktien mit der höchsten Dividendenrendite auswählen. Diese Aktien halten Sie dann ein Jahr lang und verkaufen die Titel. In den Folgejahren führen Sie den Auswahlprozess entsprechend dann mehrfach durch.

Der Vorteil: Die Aktienstrategie ist besonders einfach umzusetzen. Die Dividendenrendite finden Sie auf jedem Finanzportal. Die Aktienauswahl bezieht sich zudem auf Titel, die offenbar zumindest gute Unternehmensgewinne erwirtschaftet haben und diese mit den Eigentümern teilen. **Die Rendite spricht mit 10,7 Prozent pro Jahr für sich.**

Allerdings hat die Vorgehensweise auch Nachteile. So ist die Auswahl nicht fair. Sie müsste, um einen fairen Vergleich zu ermöglichen, auch die Ausschüttungsquote beachten. Unternehmen, die einen hohen Anteil der Gewinne ausschütten, sind hiernach schneller in der Auswahl als die Konzerne, die solide nur einen Teil der Gewinne an Sie als Aktionär auszahlen. Dennoch: Die Auswahlstrategie hat offensichtlich funktioniert.

Fazit: Die Dividendenorientierung bewährt sich immer wieder. Am Ende werden an den Aktienmärkten vor allem jene Unternehmen mit steigenden Kursen belohnt, die hohe Unternehmensgewinne erzielen und mit Ihnen teilen. Diese sehr einfache Dividendenstrategie hat zumindest einen größeren Erfolg erzielt.

2.4 MACD als Trendfolge-Strategie

Etwas besser als die einfache Dividendenstrategie hat eine Strategie abgeschnitten, die sich von den Bilanzdaten verabschiedet. **Hier geht es um die Trendfolge**, also einen charttechnischen Ansatz. Die zugrunde liegende Idee ist recht einfach:

Bestehende Trends neigen dazu, dass sich auch andere Anleger daran orientieren und diesen Trend verlängern. Wenn Sie in einen Aufwärtstrend hinein kaufen, verstärken Sie durch Ihre eigene Aktivität die steigende Kursentwicklung. Diese Vorgehensweise gilt allerdings in der Praxis für einen breiten Markt und hier vermutlich vor allem für die Investoren, deren Entscheidungen durch einfache Algorithmen gelenkt werden. Ein Algorithmus besteht in diesem Zusammenhang aus Wenn-dann-Folgen.

Woran bemisst sich nun ein solcher Trend, woran erkennen Sie ihn? Trendfolger nutzen verschiedene Faktoren und suchen nach sogenannten Trendbrüchen. Sie folgen dem Trend – sie kaufen oder verkaufen je nach Trendrichtung –, bis ein Indikator anzeigt, dass der Trend beendet ist. Ein solcher Indikator ist der MACD. Der sogenannte Moving Average Convergence Divergence, dessen Beschreibung Sie weiter unten finden (Seite 147).

Sind Rechner entsprechend programmiert, können Sie sich in der Regel (nur) an den Kursen und Kursentwicklungen orientieren. In den USA, so heißt es in einigen Arbeiten, würden 40 Prozent und mehr des Handels von automatisierten Algorithmen durchgeführt. Vor diesem Hintergrund ist es zumindest sehr plausibel, dass sich große technische Trends verstärken.

Die Regel: Wenn ein Aufwärtstrend angezeigt wird, indem der MACD (12, 26, 9) die sogenannte Signallinie von unten nach oben durchkreuzt, kaufen Sie als Investor einen Dax-ETF. Wird die Signallinie wieder von oben nach unten durchkreuzt, ist der Aufwärtstrend beendet und Sie verkaufen.

Entscheidend ist die Wirkung dieser Regel: Ein solches Signal sorgt dafür, dass Sie in einen bestehenden Trend hinein kaufen und erst nach Beendigung des Trends wieder verkaufen. Sie reagieren notwendig also langsamer als der Markt. **Dennoch ist das Ergebnis mit einer p. a.-Rendite von 10,9 Prozent noch stärker als bei den bisher benannten Strategien.**

Der Vorteil: Solche Trendfolge-Strategien befreien Sie von jeder emotionalen Entscheidung. Die Signale, an denen Sie sich orientieren, werden auf Finanzportalen sogar geliefert. Demzufolge müssen Sie einfach nur recht stur die Signale umsetzen und dürfen langfristig von Gewinnen ausgehen. Die Geschichte zeigt über viele Jahre, dass Märkte zu Aufwärtstrends neigen, weshalb Sie in großen Trends Geld verdienen können und kleine Trendwechsel durch einen schnellen Ausstieg nichts ausmachen.

Fazit: Die MACD-Strategie lieferte über 24 Jahre bessere Ergebnisse als die bisher vorgestellten Methoden in immer wiederkehrenden Dax-Trends. Sie konnte damit auch bewährte fundamental orientierte Strategien wie Dividenden-Strategien hinter sich lassen – und dies, ohne eine einzige Bilanz lesen zu müssen oder irgendetwas »einzuschätzen«. Sie orientieren sich ausschließlich an objektiv gemessenen Kursdaten. In diesem Sinne ist eine solche Strategie nicht nur erfolgreich(er), sondern auch noch deutlich einfacher umzusetzen. Der einzige Nachteil besteht darin, dass Sie mit der Strategie in Seitwärtsmärkten in der Regel keine Gewinne erwirtschaften werden – die Strategie ist wegen der Aufwärtstrend-Neigung deshalb besonders langfristig interessant.

2.5 Die Flop-Top-Strategie

Eine kurios anmutende Strategie ist die Flop-Top-Auswahl. Dabei konzentrieren Sie sich zunächst auf Aktien eines Index – hier des Dax –, die im vorhergehenden Jahr nicht laufen wollten, um in der zweiten Jahreshälfte auf die Sieger des bisherigen Jahres zu setzen.

Die Idee ist aus der Praxis geboren: Es gibt am Markt nicht selten Entwicklungen, bei denen Unternehmen, die eine schlechte Performance erzielt haben, in der Folge einen Turnaround schaffen. Oft genug sind diese Turnaround-Kandidaten in ohnehin schwachen Jahren gewillt, alle denkbaren Verluste, soweit gestaltbar, in die Bilanz des betreffenden Jahres aufzunehmen, damit die künftige Entwicklung dadurch von Lasten befreit wird. Der Kurs solcher Unternehmen kann dann regelmäßig noch etwas schlechter verlaufen als gedacht und nötig. Im darauffolgenden, neuen Jahr wiederum kann es daher schnell zu Turnarounds kommen.

Ein Beispiel im Jahr 2022 sind sicherlich Unternehmen der Wasserstoff-Branche. Nel Asa, Plug Power oder Ballard Power zum Beispiel haben im Jahr 2021 quasi durchgehend Unternehmensverluste erzielt. Die Kurse rasten 2021 letztlich immer schneller abwärts. Zu Beginn des Jahres 2022 wurden bald erste Kooperationen bekannt gegeben, die zumindest die Bodenbildung im Chart ermöglichten.

Bedingt durch den Ukraine-Krieg und die neue Hoffnung auf die »saubere« Energiequelle Wasserstoff als Möglichkeit zur Unabhängigkeit von Russlands Gas sattelten die Kurse sehr schnell mächtig auf. Dies ist ein klassischer Turnaround-Fall.

Im Gegenzug werden gerade solche Turnarounds irgendwann im Laufe des Börsenjahres die Kraft zum Aufwärtsmarsch verlieren. Deshalb wechselt diese Strategie im Laufe des Jahres sozusagen die Pferde. Die vormaligen Flop-Aktien werden verkauft, die Top-Aktien des Jahres wandern in das Depot. **Diese Strategie macht sich eine Besonderheit der institutionellen Investoren wie Fonds oder Family-Offices zu eigen.**

Die Manager solcher Konstruktionen üben sich im »Window Dressing«. Sie manipulieren und hübschen die Bilanz auf. Wie das? Zahlreiche Manager der Branche verzichten freiwillig darauf, die beste Performance zu erzielen, weil die Verwaltung eines Family-Office oder eines großen Fondsunternehmens spätestens zum Ende des Jahres die Vorgehensweise des Fondsmanagements prüft. Kriterium ist – wie so oft in der Wirtschaft – nicht nur der eigene Output, sondern vor allem der Vergleich zur Konkurrenz.

Vor diesem Hintergrund ist es nur zu verständlich, dass die Fondsmanager auch dazu übergehen, zum Ende des Jahres die erfolgreichen Strategien einfach nachzubilden, also die Tops (Jahressieger) zu kaufen. Damit werden die Ergebnisse letztlich weitgehend durchschnittlich sein, zudem haben die Manager keine sichtbaren Fehler gegenüber der Konkurrenz unternommen. **Kurz gesagt: Im zweiten Halbjahr wird aufgeräumt und angepasst.**

Dieses Wissen können Sie sich zunutze machen.

Die Regel: Zum Ende eines Jahres oder zum Beginn des Folgejahres werden aus dem Index – hier dem Dax – die fünf Unternehmen mit der schlechtesten Aktienperformance des Vorjahres ausgesucht. Diese werden zum 30. Juni verkauft und am 1. Juli durch die fünf Aktien ersetzt, die im betreffenden Jahr am besten gelaufen sind.

Der Vorteil: Die Strategie ist ersichtlich erfolgreich. Über annähernd 25 Jahre hat sie aus dem Dax 12,9 **Prozent** Rendite p. a. erwirtschaftet und in 24 Jahren aus 1000 Euro 18 **393** Euro werden lassen. Dies sind fast 13 000 Euro mehr, als der Dax selbst erzielt hat. Die Performance ist umso erstaunlicher, als es nachweislich den meisten Fondsmanagern nicht gelingt, den Vergleichsindex, etwa den Dax, hinter sich zu lassen. Der Erfolg dieser einfachen Strategie ist verblüffend.

Das Fazit: Die Flop-Top-Strategie ist ausgesprochen einfach und erfolgreich. Sie ist zudem mit Blick auf die Neigung zum Jahresanfang in Richtung Turnarounds sowie der Umschichtung in Richtung des »Window Dressings« im zweiten Halbjahr plausibel. Die Fondswelt funktio-

niert jedenfalls zum Teil exakt so. Auf der anderen Seite hat die Strategie einen großen Nachteil: Sie agieren im Grunde mit zwei Strategien. Das erste Halbjahr ist keine Trendfolge-Strategie, sondern eine Anti-Strategie. Erst das zweite Halbjahr geht von der Trendfolge aus. Die Daten zeigen, dass das zweite Halbjahr deutlich erfolgreicher ist – also die Trendfolge.

2.6 Die Sell-in-Summer-Strategie

Eine weitere Strategie, die nicht auf Bilanzanalysen setzt, ist die Sell-in-Summer-Strategie. Dies ist eine sogenannte zyklische Strategie, die auf wiederkehrende Zeitmuster setzt. Es gibt zahlreiche solcher Zeitmuster. So finden Zyklen-Forscher immer wieder heraus, in welchen Jahresphasen die Börsen im Durchschnitt stärker sind und in welchen deutlich schwächer.

Wenn solche Muster entstehen, lohnt es sich oft, auf genau diese Muster zu setzen. Es spielt keine Rolle, ob die Muster sich im Jahr 1 wiederholen. Es reicht, wenn sie dies in einer größeren Zahl an Jahren machen. Diese Anomalität bringt Ihnen als Investor dann Geld.

Die Regel: Die Sell-in-Summer-Strategie basiert darauf, dass Sie auf einen Dax-ETF oder ein Dax-Indexzertifikat setzen. Diese Indexlösung halten Sie jedoch nur in den Monaten vom 1. Oktober bis zum 31. Juli. Es gibt auch andere, ähnliche Strategien, die beispielsweise im Mai aussteigen und im September wieder kaufen. Die Sell-in-Summer- Strategie hat sich als erfolgreich erwiesen. Sie klammert die verlustreichen Monate August und September einfach aus.

Sehen Sie sich die monatlichen Ergebnisse im Dax an, die das Börsenportal boerse.de ermittelt hat. Eine grüne Säule verdeutlicht, dass die betreffenden Monate im Mittel einen Gewinn erbracht haben. Eine rote Säule zeigt an, dass die betreffenden Monate im Durchschnitt jeweils Verluste erwirtschaftet haben.

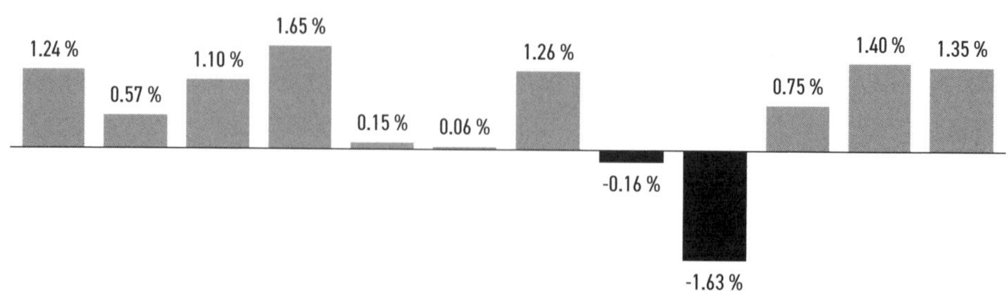

Abb. 8: Der DAX im Monatszyklus – Grafik reicht von Januar bis Dezember.

Quelle: boerse.de

Die langjährige Statistik ist eindeutig: Genau die Monate August und September sind im Dax die schwächsten.

Der Vorteil: Es wäre verwunderlich, wenn eine solche Strategie, die den August und September durch Verkauf ausschließt, keine höhere Performance als der Markt schaffen würde. Sie können dabei niemals garantieren, dass August und September in **jedem Jahr** mit Minuswerten das Ergebnis nach unten beeinflussen. Dennoch zeigen sich hier die durchschnittlichen Daten eindeutig.

Wer lange dabei bleibt, wird der menschlichen Erfahrung nach genau diesen Effekt produzieren. Deshalb ist die Strategie mit einer höheren Wahrscheinlichkeit bei einer langfristigen Herangehensweise erfolgreich. **Die Performance ist mit 14,4 Prozent p. a. beeindruckend.**

Das Endvermögen nach 24 Jahren ausgehend von 1000 Euro beläuft sich auf 25 247 Euro. Damit wären Sie dem Dax (5800 Euro) um ein Mehrfaches überlegen.

Auch hier gilt: Kurzfristige Trades haben mit der langfristigen Erfahrung nichts zu tun. Sie sind damit spekulative Glückssache.

Fazit: Die Sell-in-Summer-Strategie nutzt langfristig nachgewiesene Börsenmuster. Wer langfristig investiert, erhöht mit dieser Strategie auf einfache und plausible Weise die Erfolgschancen.

2.7 Die 200-Tage-Linie (GD 200 – Trendfolge)

Sieger in dieser Auswertung über 24 Jahre wurde eine Trendfolge-Strategie. Diese Strategie ist mit einer Rendite von 17,4 Prozent mit Weitem Abstand die Nummer 1. Aus einem angenommenen Anfangsvermögen von 1000 Euro wurden schließlich 46 993 Euro. Die Strategie hat damit gut 40 000 Euro mehr erzielt als der Dax und liegt damit ungefähr acht (!) Mal besser als der Index.

Diese Zahlen sind aus einem ganz einfachen Grund sehr beeindruckend: Es heißt in der Literatur oft genug, zwischen 60 und 90 Prozent aller Fondsmanager wären mit ihren Strategien nicht in der Lage, den jeweiligen Vergleichsindex dauerhaft hinter sich zu lassen. **Diese Strategie hat über einen Zeitraum von 24 Jahren nicht nur etwas bessere Ergebnisse erzielt, sondern den Dax um mehrere Dimensionen hinter sich gelassen.**

Die Regel: Diese Trendfolge-Strategie gibt es in zahlreichen Variationen. Die einfachste Strategie, die hier abgebildete Vorgehensweise mit der Orientierung an der 200-Tage-Linie, sucht nach Trendbrüchen aus einem Abwärtstrend heraus. Der GD 200 ist der »Gleitende Durchschnittskurs der vergangenen 200 Tage«.

Dabei werden die Kurse der vergangenen 200 Tage aufsummiert und durch 200 geteilt. Notiert ein Wertpapier oberhalb dieser Durchschnittskennzahl, gilt dies als Signal für einen Aufwärtstrend. Notiert das Wertpapier darunter, dann ist ein Abwärtstrend zu definieren.

Mit jedem neuen Tag wird der jeweils älteste Kurs der Reihe gestrichen und der jüngste Tageskurs dazu addiert. Damit ist die Kurve oder Linie dynamisch. Die Kurse bewegen sich von Tag zu Tag in diesem Fall deutlich schneller als der Gleitende Durchschnittskurs.

Wenn der Dax den GD 200 überkreuzt, wie die Techniker sagen, also überwindet, wird ein ETF oder ein Zertifikat auf den Index gekauft. Sobald die Dax-Notierungen unter den GD 200 fallen, verkaufen Sie als Investor den ETF oder das Indexzertifikat. Dann erwerben Sie nach der hier vorgestellten Strategie ein **Short-Zertifikat** auf den Dax (oder einen Short-ETF). Sie profitieren also in die eine wie auch in die andere Richtung von den Trendbewegungen im Index. Es gibt keine Trendphase, in der Sie nicht investiert wären.

Der oft erwähnte Nachteil dieser Strategie ist ihre Behäbigkeit. Da die Linie sich recht langsam rauf und runter bewegt, sind Kurse in der Nähe des GD 200 teils schnell wieder im jeweils anderen Trend. Es werden daher zahlreiche Fehlsignale entstehen, wie der Wechsel in einen nur kurzen Trend bezeichnet wird.

Generell gibt es zahlreiche Untersuchungen, wonach die Strategie in nur 40 Prozent oder weniger der Fälle erfolgreich ist. Die Mehrheit der Versuche wird sich als Fehlsignal entpuppen: Im vermeintlichen Aufwärtstrend steigen die Kurse letztlich dann doch nicht, im vermeintlichen Abwärtstrend fallen die Kurse nicht.

Dies könnten Sie wie erwähnt als Nachteil interpretieren – davor jedoch warne ich. Die Fehlsignale, die hier produziert werden, haben in aller Regel nur ein kleines Ausmaß, weil die Trends rund um den GD 200 dann recht schnell wieder wechseln. Mit einer solchen **Trendfolge-Strategie** suchen Sie praktisch nicht nach einzelnen erfolgreichen Trades, sondern nach den großen Wellen, in denen Geld verdient wird.

Einfach auf den Wellen reiten – das Geheimnis der erfolgreichen Trendfolge

Großes Geld lässt sich nur in den großen Wellen verdienen, etwa dann, wenn der Dax wie oft geschehen über einen Zeitraum von mehreren Wochen und Monaten im Aufwärtstrend ist. **Sie können die Strategie etwa mit dem Wellenreiten an französischen Atlantikküsten vergleichen.** Wellenreiter müssen sich immer wieder mit kleineren, enttäuschenden Wellen herumschlagen; Versuche, etwas Tempo aufzunehmen, werden immer wieder aufs Neue abgebrochen. Die Wellenreiter werden dennoch nicht aufgeben, denn sie wissen, dass auch wieder große Wellen folgen werden.

Das Geheimnis dieser – und anderer – Trendfolge-Strategien ist der Umstand, dass Sie auf große Wellen warten, in denen Sie einfach dabeibleiben und von einer enormen Entwicklung profitieren werden. Dabei gilt es, die Auswirkungen der Fehlsignale oder »Fehler«, also der lediglich minimalen Wellenbewegungen, zu begrenzen. Wer diese Strategie stur mechanisch anwendet, wird also immer wieder verkaufen müssen, da die 200-Tage-Linie unterschritten wird.

Selbst diese Strategie aber hat sich ersichtlich in den untersuchten 24 Jahren als herausragend und überlegen erwiesen. Dabei zeigen die Daten, dass Sie als Investor beispielsweise im Jahr 2002, als der Dax 43,9 Prozent verlor, mehr als 30 Prozent gewonnen hätten. Warum? Weil Sie in diesem Jahr dann überwiegend short investiert gewesen wären. **Der maximale Verlust, den Sie als Investor in einem der 24 Jahre hätten hinnehmen müssen, liegt bei -7,5 Prozent.**

So, wie diese Strategie buchhalterisch konzipiert ist, gibt es doch noch einen gravierenden Nachteil, der nicht sofort ersichtlich wird. Die Methode ist zeitaufwendiger und anstrengender als die anderen Strategien, die in dieser Auswahl untersucht worden sind.

Als **Trendfolger solcher vollständig mechanischer Strategien interessieren Sie sich nicht für den Grund eines Trendwechsels, sondern Sie folgen stur den Signalen.** In diesem Fall würden Sie in den 24 Jahren insgesamt 113 verschiedene Kauf- oder Verkaufssignale erhalten haben.

Dies entspricht etwa 5 Signalen und damit auch Trades pro Jahr. Auf der anderen Seite stellt sich die Frage, ob sich mehr Trades pro Jahr in diesem Falle auszahlen würden oder anders gesagt: die Mühe sich dafür lohnt. Der einzige Makel bleibt, dass Sie möglicherweise weniger Fehlsignale produzieren wollen.

Zwischenfrage: Ist diese Methode garantiert und immer erfolgreich?

Selbstverständlich ist die Methode an den Märkten lange schon bekannt, zumal die meisten Anleger einfach mitmachen können. **Als Trendfolger müssen Sie noch nicht einmal eine Meinung zum Marktgeschehen haben – Sie wissen, dass es immer wieder einmal mittlere oder sehr große Trends geben wird, in denen Geld verdient wird.** Den Grund dafür müssen Sie nicht kennen, was wiederum dafür sorgt, dass sich zahlreiche Fachleute mit ihrer ganzen Erfahrung und ihrem Bilanzwissen über solche Methoden ärgern.

Sie müssen auch kein Insider sein, niemanden aus den betreffenden Unternehmen kennen oder zahlreiche Bilanzen und Berichte durchstöbern. Sie setzen auf einen großen Effekt, der sich praktisch durch die Menschheitsgeschichte zieht: Wir Menschen sind Herdentiere.

Es wäre wunderbar, wenn der alte Philosoph Immanuel Kant mit seiner Maxime Recht hätte.

Unmündigkeit ist das Unvermögen, sich seines Verstandes ohne Leitung eines anderen zu bedienen. Selbstverschuldet ist diese Unmündigkeit, wenn die Ursache derselben nicht am Mangel des Verstandes, sondern der Entschließung und des Mutes liegt, sich seiner ohne Leitung eines anderen zu bedienen.[*]

Tatsächlich sehen wir, dass der Mensch sich an der Mehrheit orientiert. Soziologen nennen dies Schwarmintelligenz; zusammen wüssten wir mehr, so die Idee. In der Praxis trotten wir in aller Regel den anderen hinterher. Das gilt für die Suche nach den Transportbändern an Flughäfen ebenso wie die Urlaubsbuchung bei großen Reisebüros oder beim Kauf von neuen Smartphones.

Die Trendfolge-Strategie, die ich Ihnen hier vorgestellt habe, hat jedenfalls ersichtlich unter acht vollständig verschiedenen Ansätzen mit weitem Abstand und über einen langen Zeitraum die besten Ergebnisse erzielt. Schon diese Beobachtung reicht, um die Sinnhaftigkeit von Trendfolge-Strategien zu belegen.

Weitere Untersuchungen zur sehr einfachen Trendfolge-Strategie

Da diese Strategie die mit Abstand einfachste Vorgehensweise ist, da Sie die Daten für den GD 200 praktisch für jeden größeren Wert auf verschiedensten Finanzportalen erhalten, ist sie mit hoher Sicherheit auch die populärste. Daher habe ich mir weitere beispielhafte Auswertungen für Sie angesehen – denn die Trendfolge ist offensichtlich die erfolgreichste Herangehensweise.

Im folgenden Beispiel hat ein Analyst die Daten für die Jahre 1960 bis 2020 untersucht (der Dax ist erst 1989 begründet worden, es lassen sich allerdings Vorgängerdaten berechnen) und dabei verschiedene Ansätze gewählt:

---

* https://www.deutschestextarchiv.de/book/view/kant_aufklaerung_1784?p=17

1. Dax (»buy and hold« – also die reine Indexentwicklung),
2. Dax 40-Wochen-System (200-Tage-Linie, nur Aufwärtstrend-Investitionen),
3. Dax 40-Wochen-System long/short (Im Abwärtstrend gehen Sie short, im Aufwärtstrend mit dem Indexzertifikat oder einem ETF long.),
4. Dax 40-Wochen-System mit einem Rentenindex (im Aufwärtstrend einen Dax-ETF, im Abwärtstrend Umschichtung in Staatsanleihen).

Die hier benutzte Strategie umfasst 40 Wochen, da die Kurse lediglich einmal in der Woche ausgewertet werden, um nicht täglich zu handeln. Zudem wird ein 2-Prozent-Puffer bewahrt: Gewechselt wird die Richtung (long/short) nur, wenn die Kurse nach einem Trendwechsel 2 Prozent über oder unter dem GD 200 verlaufen. Damit wird die Anzahl der Fehlsignale reduziert, ohne einen zu großen Performance-Verlust in Kauf nehmen zu müssen.

Die Ergebnisse sind beeindruckend – über einen Zeitraum von 60 Jahren.

System	Rendite p. a.	Max. Verlust	Wartezeit bis zum nächsten Top
Dax buy&hold	5,50 %	-70 %	378 Wochen
Dax 40-Wochen-System	6,50 %	-34 %	197 Wochen
Dax 40-Wochen-System long/short	7,50 %	-49 %	289 Wochen
Dax 40-Wochen-System mit Rentenindex	9,10 %	-30 %	174 Wochen

Abb. 9: Trendfolge mit GD 200-Wochen-System über 60 Jahre

Datenquelle: Systematisch-Investieren.de

Dieser langfristige Strategie-Vergleich bringt in etwa dieselbe Erkenntnis: Die 200-Tage-Linie beziehungsweise die 40-Wochen-Linie ist dem Dax in jeder Weise überlegen. In der einfachsten Variante beträgt der Rendite-Unterschied nur 1 Prozentpunkt pro Jahr (Achtung: Zins und Zinseszins vergrößern die Effekte immens), in der Variante mit einer Investition in

Anleihen ist schon der jährliche Rendite-Unterschied mit 3,6 Prozentpunkten enorm. Besonders beeindruckend aber ist der Umstand, dass die Trendfolge-Strategie(n) jeweils deutlich geringere maximale Verluste ausweisen. Ihr Nervenkostüm würde bei Weitem nicht so stark belastet wie mit anderen Strategien, weil die Trendwechsel dazu führen, dass Sie als Investor reagieren.

Aus 10 000 Euro werden	**10 000,00**
Dax	248 397,70
40-Wochen-System	437 498,40
40-Wochen-System long/short	766 492,40
40-Wochen-System mit Anleihen	1 859 880,48

Abb. 10: Wenn Sie 1960 eine Summe von 10 000 Euro investiert hätten, würden sich aus diesen Strategien (Dax und verschiedene sehr einfache Trendfolge-Strategien nach dem GD 200 oder 40 Wochen) die in der Tabelle dargestellten Summen ergeben.

Quelle: Eigene Berechnung

Das Ergebnis ist erneut beeindruckend. Wer lediglich auf den Dax gesetzt hätte, hätte in 60 Jahren bei etwas geringerer Rendite fast 250 000 Euro verdient. Wer in Aufwärtstrends auf den Dax gesetzt hätte und in den Abwärtstrends Renten-ETFs gekauft hätte (oder das Geld auf einem Zinskonto hätte liegen lassen), konnte mit einer denkbar einfachen Trendfolge-Strategie aus 10 000 Euro also annähernd 1,9 Millionen Euro Vermögen machen.

Die Statistik ist deshalb interessant, weil sie verdeutlicht, dass die Trendfolge über einen langen und auch einen sehr langen Zeitraum einer einfachen Indexanlage überlegen ist. Schon die Erfolge mit einer sehr einfachen Trendfolge-Strategie sind demnach kein Hexenwerk, sondern mit Bordmitteln möglich.

Schließlich habe ich noch eine Statistik gefunden, die sogar sehr lange Zeiträume berücksichtigt. Hier wurde der S&P 500 seit dem 31. Dezember 1928 berücksichtigt. Der Bericht wurde im Sommer 2021 verfasst.

Sie müssen als Investor bei solchen mechanischen Trendfolge-Strategien zudem keine Meinung zum Markt und keine Zinskenntnisse haben, und keine politischen Einschätzungen vornehmen – Sie sehen sich einfach den Kursverlauf der Märkte an.

Über den sehr langen Zeitraum wurden drei Strategien verglichen: Investoren haben »immer« in den S&P 500 investiert, also beispielsweise per ETF (mit den heutigen Instrumenten); Investoren haben sich nur engagiert, wenn der Index über dem GD 200 verlief, oder Investoren kauften nur, wenn der Index unter dem GD 200 verlief, wenn also der Wechsel in den Abwärtstrend erfolgte. Die letztgenannte Strategie wäre ein sogenannter Contrarian-Ansatz, bei dem vor allem auf Turnarounds gesetzt wird. Das Ergebnis dieses gut 93 Jahre währenden Wettbewerbs fällt stark zugunsten der Trendfolge aus.

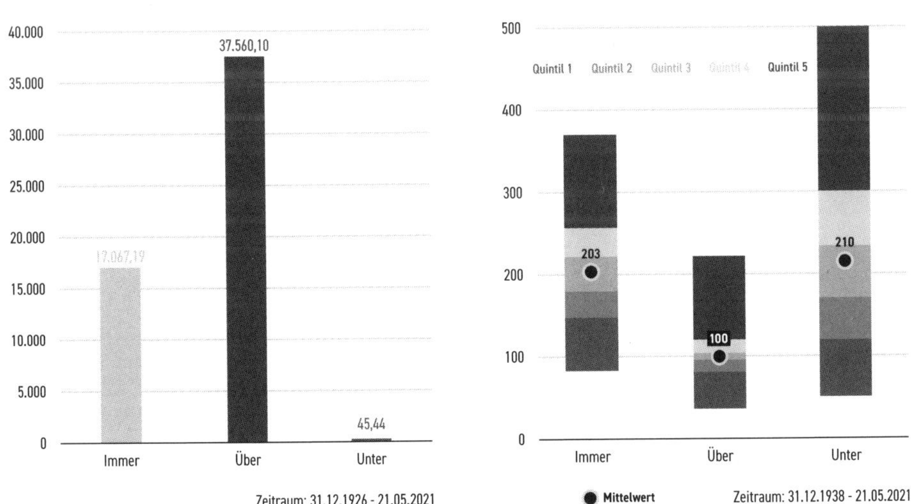

Abb. 11: S&P 500 – Immer investieren, im Aufwärtstrend investieren oder im Abwärtstrend investieren?

Quelle: https://www.dasinvestment.com/so-erfolgreich-sind-investoren-mit-der-anlagestrategie/

Investiert wurden rechnerisch 100 US-Dollar. Der Index brachte gut 17 000 US-Dollar, die GD-200-Strategie hingegen kam auf einen Endbetrag von gut 37 000 US-Dollar – und der Contrarian-Ansatz versagte. Wer bei Abwärtstrendwechseln long investierte, verlor schließlich Geld.

Auch diese sehr langfristige Betrachtung bestätigt die vorhergehenden Ergebnisse aus meiner Sicht eindrucksvoll.

Fazit: Die Trendfolge (hier sogar in verschiedenen Variationen) hat ersichtlich über einen sehr langen Zeitraum alle anderen Strategien hinter sich gelassen und mit einem überschaubaren Renditevorsprung im Laufe der Zeit das Vermögen gegenüber einem Index (hier dem S&P 500) vervielfacht.

Als Trendfolger müssen Sie im Zweifel nicht einmal Kenntnisse über die betreffenden Unternehmen haben, sondern machen sich lediglich den Umstand zunutze, dass sich an den Börsen wie im richtigen Leben immer wieder große Trends herausbilden.

Insofern ist es ein Leichtes, Trendfolge-Strategien für den Markt zu entwickeln und erfolgreich anzuwenden. Wenn Sie diesem fast schon ehernen Naturgesetz zustimmen, dann werden Sie an den Börsen mit Trendfolge-Strategien sicherlich ein starkes Instrument zur Hand haben.

3 Trendfolge ist die erfolgreichste Vorgehensweise – es gibt allerdings Verfeinerungen

An dieser Stelle möchte ich die Freude über die zuvor ausgeführte Entdeckung noch vermehren. Die einfachste Trendfolge-Strategie, die in dem oben bezeichneten Wettbewerb ersichtlich alle anderen Strategien hinter sich gelassen hat, lässt sich für die Praxis noch deutlich besser einstellen.

Zum einen wurden im oben abgebildeten Fall, siehe Abbildung 11, lediglich die Strategien auf einen Index miteinander verglichen, hier auf den Dax oder S&P 500. Indizes aber haben spezielle Nachteile, weil Sie mit diesen zahlreiche mittelmäßige Unternehmen mitschleppen. **Wenn die Trendfolge schon funktioniert, sollte es doch für besonders trendstarke Unternehmen noch einmal bessere Chancen geben – das liegt meiner Meinung nach sehr nahe.**

Zum anderen ist die Orientierung an der GD-200-Linie noch etwas zu hektisch und produziert für meinen Geschmack noch zu viel Arbeit. Überhaupt ist es schwierig, sich immer nur auf einen Faktor zu verlassen. Es gibt zahlreiche in wissenschaftlichen Arbeiten betrachtete Faktoren, die sich als Trendfolge-Signale bewährt haben.

In Management-Seminaren heißt es bisweilen, dass in der »Vielzahl der Berater die Wahrheit« liegt. Wenn Sie Trendfolge-Signale als Berater begreifen, die Ihnen mögliche Auf- oder Abwärtstrends anzeigen, müsste sich das Ergebnis verbessern lassen. Diese Überlegung jedenfalls hat mich über Jahre begleitet. Davon lesen Sie ab Seite 139 im Abschnitt VII. Ein bewährtes Trendfolge-System, das im Kern denselben Prinzipien folgt, lautet:

In den großen Trends mit bedeutenden Trend-Unternehmen verdienen Sie viel Geld.

III

FALSCHE FREUNDE: WARUM INDIZES UND ETFS KEINE GARANTIE FÜR LANGFRISTIGE ERFOLGE SIND

Es gibt Abertausende von Ratgebern für die Anlagemärkte und eine enorme Finanzindustrie, die Millionen von Lösungen anbietet. In den vergangenen Jahren haben sich für Privatinvestoren zunehmend Indexlösungen und hier ETFs (Exchange Traded Funds = börsengehandelte Indexfonds) durchgesetzt.

Geht es nach den Ratschlägen dieser Industrie, kaufen Sie einfach einen oder mehrere ETFs und können beruhigt schlafen, da ohnehin die meisten Fonds (und damit auch die meisten Vermögensverwalter) die Indizes nicht schlagen werden. ETFs werden dabei oft als Allheilmittel für Privatinvestoren verkauft.

Ich bin mit dieser Sichtweise nicht einverstanden. Drehen Sie den Spieß einfach um und lassen Sie sich von den Ergebnissen überraschen. Ich werde Ihnen hier zeigen, dass Sie mit Aktien auf Unternehmen die bessere Wahl treffen – die Aussage gilt für ganz unterschiedliche Anlagestrategien. Sie müssen also nicht auf Zufallstreffer hoffen, sondern können ganz systematisch Indizes hinter sich lassen.

Drehen Sie den Spieß um: Mit Indizes verlieren Sie Geld.

Grundsätzlich verdienen Sie zunächst mit Indizes historisch betrachtet Geld. Ich habe Ihnen eine Statistik von Gerd Kommer vorgestellt, wonach Sie mit US-Aktien von 1900 bis 2016 rechnerisch 6,4 Prozent p. a. nach Abzug der Inflationsrate verdient hätten. Das ist eine sehr ordentliche Bilanz.

Nun drehen Sie den Spieß um: Ökonomen sprechen von Alternativ- oder Opportunitätskosten, wenn Sie mit anderen Maßnahmen sogar mehr Geld verdienen könnten und die schlechtere Variante gewählt hätten. In diesem Sinne gibt es Investoren, die eindeutig nachgewiesen haben, bessere Erfolge als der Markt (im Sinne der Indizes) erreicht zu haben.

Warren Buffett wird langfristig ungefähr 20 Prozent p. a. geschafft haben, wobei er massive Nachteile hatte und hat. Das Beteiligungsunternehmen, das er führt, Berkshire Hathaway, hat so hohe Barbestände, dass Buffett sie kaum noch investieren kann.

Kleinere Unternehmen kann er nicht kaufen, da der Aufwand zu groß wäre – an den Barbeträgen in seiner Kasse würde sich durch solche Investments kaum etwas ändern. Große Unternehmen kann er nicht ohne Weiteres am Markt mit Milliardenbeträgen kaufen, da er den Aktienkurs selbst verändern würde. Er muss mit hohen Geldbeständen leben und darauf warten – so jedenfalls legen es die Rahmenbedingungen nahe –, außerbörslich größere Pakete von Investoren kaufen zu können. Diese Methode erfordert viel Geduld und kostet Rendite.

Ich selbst habe mit meiner Methode über die Jahre hinweg außerordentliche Performances einfahren können. Mehr als 50 000 Prozent waren es in meinem 2005 gestarteten Börsendienst »Proffes Trend Depot«. Diesen Höchststand habe ich im November 2021 erreicht, als der Dienst an der 16-Millionen-Euromarke kratzte. Eine sagenhafte Performance, wenn man bedenkt, dass ich den Dienst 2005 mit nur 30 000 Euro gestartet habe und das Gesamtdepot aus zwei Drittel Aktien besteht. Aktuell korrigieren die Märkte etwas, deswegen verzeichnet auch der Dienst aktuell kein Allzeithoch, jedoch werden wir bestimmt bald wieder alte Höchststände sehen.

Grundsätzlich sind Investitionen in Aktien denen in ETFs überlegen, nur ist nicht jeder Investor erfolgreich.

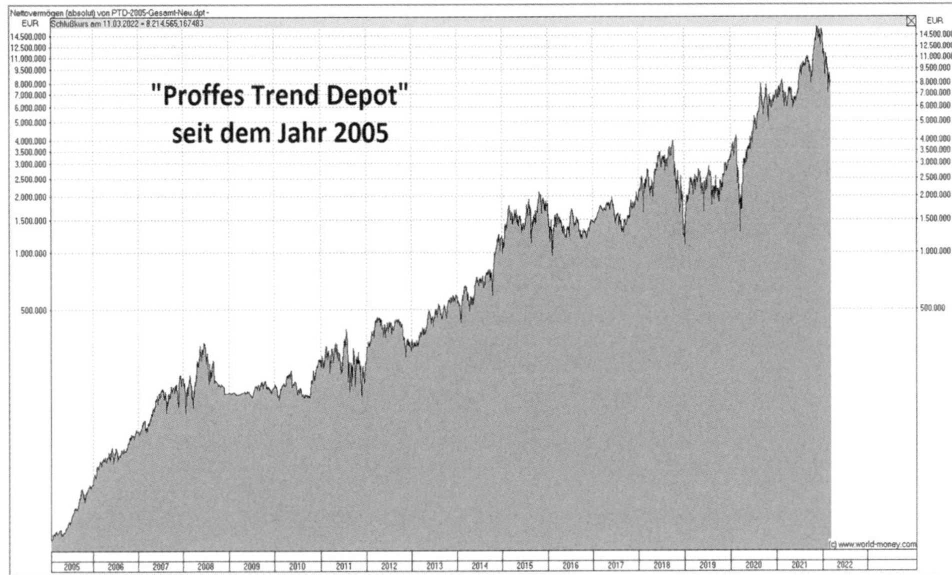

Abb. 12: Chartbild von Proffes Trend Depot aus dem Jahr 2005

Quelle: www.world-money.com, www.proffeinvest.de

Ich möchte keinesfalls ETFs als Teufelszeug beschreiben, allerdings gebe ich Ihnen einige Hinweise, weshalb Sie mit ETFs keine besonders glückliche Auswahl treffen würden.

Indizes sind nur Mittelmaß

Der Grund für meine etwas harsche Meinung liegt eigentlich auf der Hand. Indizes wie der Dax, der inzwischen aus 40 Unternehmen besteht, sind reines Mittelmaß. Ein solcher Index enthält zahlreiche Unternehmen, die ich keinem Privatinvestor je empfehlen würde. Ein spektakulärer Fall etwa ist im Dax das Unternehmen Delivery Hero. Es hat einen Hype ausgelöst, aber keinen Trend. Dieses Unternehmen mit den fragwürdigen Gewinnaussichten kaufen Sie automatisch mit, wenn Sie einen ETF auf den Dax erwerben.

Bei 40 Dax-Unternehmen finden sich mindestens 20 bis 25 Titel, die in keinem Privatinvestor-Depot sein sollten. Wenn Sie also in einen solchen ETF investieren, kaufen Sie unterdurchschnittliche Unternehmen ebenso wie die starken Titel aus dem Index. Weil Sie alles kaufen, kaufen Sie wie beschrieben nur Mittelmaß.

Die Aussage stimmt nicht zu 100 Prozent, da es gerade im Dax erhebliche Unterschiede in der Marktkapitalisierung gibt. In der Tendenz aber gilt die Aussage: **Mit einem solchen ETF erwerben Sie Mittelmaß.**

Das muss nicht verkehrt sein. Wer sich um seine Geldanlage in keiner Weise kümmern möchte, wird mit gesichertem Mittelmaß keine schlechte Wahl treffen. Allerdings verlieren Sie damit Geld, wie ich eingangs erläuterte – da eine andere Auswahl an Aktien nachweislich immer wieder mehr Geld bringt.

Sie verzichten also mit ETFs dauerhaft auf Geld. Dafür sollten diese zumindest sicherer sein. Das ist aber nicht so.

Indizes sind unsicherer als aktiv gemanagte Aktienportfolios

Das Hauptargument für Indexinvestments ist neben der einfachen Handhabung in der Regel, dass Sie damit zumindest sicherer investieren. Das Motto lautet offenbar: Viel hilft viel. Sie können mit einem Investment schnell eine Auswahl an Aktien kaufen. Im Dax sind wie beschrieben gleich 40 Titel versammelt, die Sie mit einem einfachen ETF kaufen könnten.

Der MSCI World, den zahlreiche Anleger kaufen, versammelt sogar über 1500 Aktien, die noch dazu wohl die ganze Welt präsentieren sollen. Die zugrunde liegende Idee ist zunächst charmant: Je mehr dieser großen Aktien Sie kaufen, desto sicherer sind Sie gegen die Ausfälle einzelner Unternehmen geschützt.

Bei mehr als 1500 Aktien aber ist das Argument schon nicht mehr so attraktiv. Es liegt wie erwähnt auf der Hand, dass Sie mit einem solchen Investment besonders viel Mittelmaß ins Depot aufnehmen. Über einen einzigen ETF landen sehr viele Unternehmen aus Asien oder den USA in Ihrem Depot, von deren Existenz Sie möglicherweise niemals etwas erfahren.

Sie halten also indirekt über einen ETF Aktien im Depot, die Sie zu keinem Zeitpunkt vernünftig beurteilen können. Hiesige Zeitungen werden über diese Unternehmen nie berichten.

Die Effekte von Zinsänderungen, politischen Revolutionen oder einer Epidemie auf einem ganzen Kontinent für Ihr Depot könnten Sie niemals abschätzen, weil ein solcher ETF alle Unternehmen enthält. Halten Sie eine solche Zusammenstellung – die Sie weder kennen noch auch nur annähernd kennenlernen können – für »sicher« im klassischen Sinn? Sie würden mutmaßlich nicht einmal mitbekommen, wenn der MSCI World plötzlich grundlegend anders zusammengestellt würde.

ETFs sind, wie dieses Beispiel belegen soll, keinesfalls sicher. Sie sind vollkommen auf die Auswahl für einen solchen Index angewiesen. In Deutschland setzt die Deutsche Börse AG den Dax oder den MDax zusammen.

Prüfen Sie sich gerne selbst: Kennen Sie auch nur die Kriterien, nach denen die Deutsche Börse AG den Index (jeweils neu) zusammensetzt, wenn einmal im Quartal eine entsprechende Prüfung stattfindet? Die meisten Anlegerinnen und Anleger werden dies nicht nachvollziehen können.

Wenn Sie aber weder selbst eine Entscheidung über die Zusammensetzung treffen noch die Kriterien kennen (können), sind Sie vollkommen in der Hand Dritter, die Sie zudem auch niemals eigens informieren werden.

1 Das Ziel der Indexbetreiber

Indizes, wie Sie sie als Dax oder Dow Jones kennen, sind Konstruktionen großer Börsenbetreiber. Die Deutsche Börse AG etwa definiert wie oben beschrieben den Dax und hat erst im Jahr 2021 die Anzahl der Unternehmen in dem Index von 30 auf 40 erhöht.

Indizes sollen den Markt repräsentativ abbilden, hatte bereits Charles Dow, der Namensgeber für den Dow-Jones-Industrial Average geschrieben. Er wünschte sich eine Kennzahl, in der sich die Verfassung des gesamten Marktes widerspiegeln würde. 1896, vor nunmehr gut 125 Jahren, erblickte daher der Dow Jones das Licht der Welt und bildet 30 Unternehmen ab.

Eine faire Abbildung des Marktes leistet der Dow Jones heute nicht mehr, da die Unternehmen anders als im Dax beispielsweise gleichgewichtet aufgenommen werden. Auch verzichtet der Dow Jones darauf, die Dividenden im Index abzubilden, die im typischen Dax-Performance-Index abgebildet sind. Die Leistungsfähigkeit anderer Indexkonzepte ist besser – aber darauf kommt es an den Börsen oft genug nicht an.

Entscheidend ist aus meiner Sicht eine ganz andere Frage: Warum gibt es so viele und anscheinend auch unterschiedliche Indizes?

Die Antwort ist möglicherweise ernüchternd: Jeder Mensch, auch Sie selbst, kann einen eigenen Index zusammenstellen. Sie werden aber mangels Marktmacht kaum Gelegenheit haben, Ihren Index bekannt zu machen. Die meisten Indizes haben die Funktion, durch Lizenzvergabe ihren Erfindern oder Inhabern Geld einzubringen. Indizes dienen als Grundlage für Anlageinstrumente wie Zertifikate und eben auch ETFs. Wer am Finanzmarkt arbeitet, weiß, dass einige Emittenten sich praktisch immer wieder neue Indizes wünschen, auf die sie Zertifikate und ETFs herausgeben.

Das ist nicht verwerflich. Es ist im Gegenteil sogar nützlich. Niemand wird gezwungen, Zertifikate oder ETFs zu kaufen, so dass Sie als Investor selbst darüber entscheiden, welches Konzept Ihnen zusagt und welche

Indizes Sie ablehnen. Dennoch sollten Sie immer im Blick behalten, welches Ziel Indexbetreiber verfolgen.

Es geht darum, Wertpapiere herauszubringen, und nicht darum, besonders erfolgreiche Indizes zusammenzustellen. **Wenn also Indizes besonders erfolgreich sind, erfolgreicher vielleicht als eine andere aktive Aktienauswahl, dann ist dies zunächst ein Zufall. Indizes sind Grundlage für ein passives Anlagekonzept, das im Normalfall nicht darauf ausgelegt ist, die beste Strategie zusammenzustellen.**

1.1 Indexbetreiber orientieren sich an anderen Größen als an einem Anleger-Portfolio

So können Sie beispielsweise einen Wasserstoff-Index kaufen, der dann allerdings in der Regel entweder nur Wasserstoff-Unternehmen abbildet oder etwa eine Mischform zusammen mit E-Mobilitäts-Unternehmen oder Energieversorgern, die auch ein bisschen in der Wasserstoffsparte mitmachen.

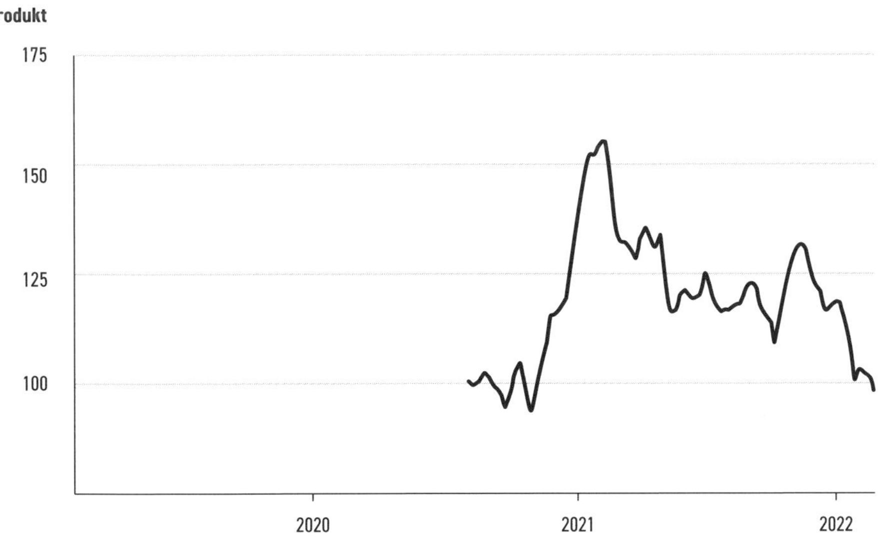

Abb. 13: Wasserstoff Strategie Index von Vontobel – ein einfacher Index

Quelle: https://indices.vontobel.com/DE/IndexDarstellen/CH0561921831

Solche Themen-ETFs sind typisch für die Branche. Ein Beispiel dafür ist der »**Wasserstoff Strategie Index**« von Vontobel mit der **ISIN CH0561921831**.

Der Index wurde am 13. April 2021 aufgebaut und enthält die wohl bedeutendsten Wasserstoff-Aktien, die derzeit an der Börse im Trend sind.

Wasserstoff Strategie Index – Diese Aktien sind enthalten:

- 2G Energy,
- AFC Energy,
- Air Liquide,
- Ballard Power,
- Cell Impact,
- Ceres Power,
- Hexagon Composites,
- Hexagon Purus,
- ITM Power,
- Linde,
- McPhy Energy,
- Nel ASA,
- PowerCell Sweden,
- Powerhouse Energy,
- Proton Power Systems,
- SFC Energy,
- Siemens Energy,
- Weichai Power.

Die Aufzählung der knapp 20 Unternehmen ist bezeichnend. Es ist vollkommen nachvollziehbar, wenn Sie aktuell auf Wasserstoff als Trend-Branche setzen möchten. Gerade der jüngste Einmarsch Russlands in die Ukraine hat dazu geführt, dass der Westen sich unabhängig von russischen Gaslieferungen machen möchte. Dies fördert die Fantasie, Wasserstoff könne schon bald eine Rolle spielen.

Dieser Index, wie auch andere Indizes auf die Stars dieser Branche, spiegelt möglicherweise eine großartige Chance wider. Es bleibt nur erneut die Frage: **Müssen Sie gleich alle Unternehmen erwerben, die in dieser Branche tätig sind?**

Der Anbieter hat einerseits sein eigenes Interesse durchgesetzt und einen Index aufgesetzt. Er möchte Ihnen hier einen ETF verkaufen, in dem die wichtigsten Aktien gebündelt sind. Wenn Sie den ETF erwerben, willigen Sie in diese Strategie ein – und alle Seiten können zufrieden sein.

Dennoch gibt es gewaltige Unterschiede zwischen Unternehmen wie etwa **Nel Asa** auf der einen Seite sowie der deutlich konservativeren **Linde** auf der anderen Seite.

- **Nel Asa** ist ein Wasserstoffunternehmen aus Norwegen, das sowohl 2021 als auch 2022 und 2023 immense Verluste eingefahren hat beziehungsweise einfahren wird. Ähnlich verhält es sich mit Plug Power aus den USA. Nel Asa hat dabei eine Marktkapitalisierung von ungefähr 1,5 Milliarden Euro, während der Umsatz bei weniger als 200 Millionen Euro liegt. Nel Asa, Plug Power, aber auch ITM Power oder PowerCell Sweden sind reine Zockeraktien, die lediglich Teil einer Trendbranche sind.

- **Linde** ist ein altbewährtes Industrieunternehmen, das unter anderem auf Industriegase setzt. Linde investiert auch in den Wasserstoff und hat hierbei zudem eine Kooperation mit ITM Power beschlossen. Linde ist tendenziell ein trendstarkes Unternehmen, das zugleich in einer Trend-Branche aktiv ist. Dabei verdient Linde allerdings messbar Geld. Das Kurs-Gewinn-Verhältnis (KGV) des Unternehmens liegt für das Jahr 2022 bei etwa 25 (abhängig vom Kaufzeitpunkt).

Dass der Indexbetreiber viele Unternehmen einer solchen Branche in einen Index aufnimmt, ist sowohl in der Sache verständlich – es ist ein und dasselbe Thema – wie auch für den Verkauf von ETFs und Zertifikaten.

Für Sie als Anleger jedoch ist eine solch wilde Zusammenstellung unter einem Dach eigentlich sinnlos. Wenn Sie die Sicherheit von Industrieunternehmen suchen, die sich der Trendbranche verschreiben, dann ist Linde die bessere Aktie. Wenn Sie kurzfristig zocken wollten, wären Plug Power oder Nel Asa die bessere Wahl.

Das Beispiel illustriert, dass Indexbetreiber einfach nicht dasselbe Ziel verfolgen und verfolgen können wie Sie als Investor. Deshalb sind Anlagestrategien, die davon ausgehen, passive Investments seien per se die bessere oder sicherere Wahl, trotz der gegenteiligen öffentlichen Meinung gerade nicht nachvollziehbar.

Stock Picking nach einer klaren und gewinnbringenden Strategie – wie es die Trendfolge zweifellos ist –, verspricht höhere Renditen und wahrscheinlich auch eine höhere Sicherheit.

Indizes und ETFs sind entgegen der oft propagierten Meinung keine Garantie für langfristige Erfolge.

2 Echte Nachteile von ETFs und Indexzertifikaten

Nun argumentieren Befürworter von ETFs und Zertifikaten, also von Indexinvestments, dass die Indexprodukte günstiger und einfacher zu verwalten sind. Sie kaufen ETFs oder Indexzertifikate und werden dann nichts mehr unternehmen müssen.

Die Sichtweise kann ich gut nachvollziehen, aber nicht ganz glauben. ETFs und Zertifikate sind gerade in den vergangenen Jahren stärker geworden. Nun haben die Märkte auch gut funktioniert, jedenfalls unter dem Strich betrachtet. Das Jahr 2018 war etwas schwächer, dafür wurden die Folgejahre etwas stärker.

Die Börsen kennen allerdings auch schwache Phasen. Niemand weiß vorher genau, wie lange solche Phasen dauern und wie viel Geld Sie darin verlieren können. Wenn es allerdings schärfer abwärts geht, werden viele private Investoren aus ihren passiven Investments aussteigen – ich bin mir dessen nach allen Erfahrungen der zurückliegenden zwei bis drei Jahrzehnte recht sicher.

Anleger mögen keine Verluste, und Indizes, ETFs und Zertifikate schützen sie gerade nicht vor einem schwachen Markt. Im Gegenteil: Die Indizes sollen den Markt ja gerade verkörpern und im Durchschnitt abbilden. In schwachen Märkten sind ETFs und Zertifikate also voll dabei.

Die Erfolgsgeschichte von ETFs und Zertifikaten wird dann relativ schnell enden, wenn die Börsen längere Verlustphasen erleiden. Dann verlieren sie an Attraktivität.

2.1 Sie sind immer voll investiert

Aktiv agierende Anleger, die beispielsweise großen Trends folgen, werden irgendwann entweder aussteigen oder auf die Short-Seite wechseln.

Ist der Trend groß genug, lässt sich auch in Abwärtsphasen ordentliches Geld verdienen.

Der große Nachteil von ETFs und Zertifikaten, die auf Indizes setzen, besteht darin, dass Sie immer voll investiert sind. ETFs und Zertifikate, sofern sie als Indexanlagen konstruiert sind, haben eine Investitionsquote von 100 Prozent.

Dies ist der wohl größte Nachteil gegenüber aktiven Anlegern, die auch ihre Investitionsquote praktisch beliebig variieren können. Viel besser noch: Sie können bei einer Investition in einzelne Aktien beispielsweise Stop-Loss-Kurse setzen und einen Teil Ihres Engagements jederzeit auflösen. Auf Wunsch können Sie zudem in starken Phasen Derivate einsetzen und zwischenzeitlich Ihr Engagement deutlich beschleunigen.

All das bieten ETFs und Indexzertifikate nicht.

Die bessere Performance versprechen dagegen erfolgreiche aktive Anlagestrategien.

- **Denken Sie bitte an die Durchschnittsstrategie eines Index, der einfach alle Unternehmen aufnehmen muss.**
- **Denken Sie zudem daran, dass Sie permanent, also in jeder Börsenphase, zu 100 Prozent investiert sind.**

2.2 Das Timing-Problem von ETFs und Indexzertifikaten

Ich möchte niemandem ETFs und Indexzertifikate beziehungsweise Indexinvestitionen ausreden. Es gibt jedoch ein weiteres Problem von Indexinvestitionen. Was auch immer passiert, Indexinvestoren sind stets viel zu spät.

Die Indexbetreiber werden in aller Regel die Indizes quartalsweise anpassen. Eine höhere Taktfrequenz gibt es nicht. Wenn also ein Unternehmen wie Wirecard im Juni 2019 aus dem Dax fliegt, brauch(t)en die Betreiber schon eine Sonderregelung, um dies im Dax zu berücksichtigen.

Wenn Sie wie große Investoren im April 2019 erkannt hätten, dass Wirecard direkt auf dem Weg in die Insolvenz ist, hätten Sie mit einem Indexinvestment dennoch in der damaligen Phase bis zur Neuausrichtung des Index im Juli 2020 gewartet, bis Sie die Wirecard-Beteiligung endlich losgeworden wären. Denn erst nach der Insolvenz, im August 2020 wurde die Aktie vorzeitig aus dem Dax entfernt.

Abb. 14: Wirecard: Trendfolger wären lange ausgestiegen – Indexanleger wären dabei geblieben

Quelle: onvista.de, eigene Bearbeitung mit Verweis auf den GD 200

Dies ist das Timing-Problem von Indexinvestitionen: Die vierteljährliche Anpassung im Index sorgt dafür, dass Sie praktisch jede Krise mitnehmen werden. Das mag im Sinne einer ruhigen Geldanlage richtig sein. Tatsächlich aber ist das Risiko dieser Anlagestrategie damit sehr viel höher als bei einer aktiven Geldanlage, bei der Sie – beispielsweise – einfach den Trend entscheiden lassen, was zu tun ist.

2.3 ETFs und Indexzertifikate: Unerfreuliche Nebenwirkungen

Einen letzten Aspekt muss ich an dieser Stelle noch erwähnen, da er oft nachgefragt wird. ETFs und Indexzertifikate bilden ganze Märkte ab. Was aber passiert, wenn Investoren sich aus dem Engagement zurückziehen?

Bei Zertifikaten passiert in der Regel nichts. Denn Zertifikate sind reine Schuldverschreibungen. Als Käufer leihen Sie dem Emittenten Geld für einen Zinssatz von 0 Prozent. Dafür erhalten Sie das Versprechen, an Gewinnen und Verlusten – hier – in einem Index beteiligt zu werden. Die Emittenten sichern sich über den Derivatemarkt einfach ab, sie müssen die Aktien gar nicht kaufen, um dieses Versprechen zu erfüllen.

Bei ETFs kann ein Abzug von Investorengeldern in größerem Umfang allerdings zum Problem werden. Wenn Investoren damit beginnen, Kapital abzuziehen, müssen die ETF-Verwalter Aktien aus dem Depot tatsächlich verkaufen. In kleineren Märkten kann es passieren, dass ETFs zu den größten realen Teilnehmern im jeweiligen Markt werden. Sofern die ETF-Anbieter große Mengen der Aktien verkaufen müssen, kann dies den ganzen Markt beeinflussen.

Die Kritik betrifft allerdings tatsächlich im Wesentlichen nur die kleineren Märkte.

Dennoch sehen Sie an den vorhergehenden Argumenten, dass ETFs und Indexzertifikate keineswegs die hochgelobte Königsklasse der Geldanlage für Sie sind.

Sie kaufen mit solchen Produkten schlicht Durchschnitt ein und können im Regelfall nicht einmal schnell und sicher genug kalkulieren, wie sich alle Aktien im Index und damit in Ihrem Depot entwickeln.

Sie sind permanent zu 100 Prozent investiert und werden wegen des Timing-Problems, der quartalsweisen Anpassung, eines Tages zwangsläufig mit einem ETF in einem großen Abwärtstrend dabei sein.

Fazit: ETFs und Indexzertifikate sind keine schlechte Anlageklasse für den privaten Vermögensaufbau. Damit verschenken Sie gegenüber dem aktiven Vermögensmanagement mit einer richtigen Strategie jedoch deutliche Mehrperformance und verlieren auf diese Weise sogar systematisch Geld. Zudem sind ETFs und Zertifikate wie Indexinvestments insgesamt aus Timing-Sicht keine sichere Geldanlage.

Aktiv gemanagte Strategien können genauso einfach sein, versprechen Ihnen allerdings dauerhaft größere Chancen.

IV

TRENDFOLGE – DAS PRINZIP

1 In Trends wird Geld verdient

Ich habe Ihnen erläutert, dass die Trendfolge insgesamt unter den verschiedensten Ansätzen die größten Erfolge verspricht – ganz ohne meine Anpassungen. Sie folgen einfach den Trends, weil der große Markt auch folgen wird. Die Ergebnisse sind jedenfalls frappierend gut. Allerdings zeigte sich, dass die einfache GD-200-Strategie durchaus noch Potenzial für Verbesserungen hat.

Daher werde ich mich in diesem Abschnitt der Trendfolge noch einmal genauer widmen. Es lohnt sich für Sie dabeizubleiben – denn die Trendfolge wird sich im Kern als Anlagekonzept auch in den folgenden Jahrzehnten nicht ändern.

1.1 Worum es im Kern geht

Im Folgenden möchte ich mich nicht auf die graue Theorie beschränken, sondern wende mich mit meinen ganz persönlichen Erkenntnissen an Sie.

Trendfolge – das ist doch ganz einfach erklärt, oder? Wie ich gern etwas salopp zu sagen pflege: »Wenn der Chart von links unten nach rechts oben verläuft, dann gefällt er mir.«

Und für einige Menschen ist damit schon das gesamte Prinzip der Trendfolge umrissen. Das Geheimnis besteht also darin, einen Trend zu erkennen und auf ihn aufzuspringen. Aber halt, so einfach ist es nun doch wieder nicht. Ich werde Ihnen in diesem Kapitel aufzeigen und erklären, dass gerade für den Umgang mit dem Trendfolge-Prinzip ein Blick hinter die Kulissen für Sie sehr lohnenswert ist. Lernen Sie, welche Kenntnisse und Techniken wichtig sind, damit das Prinzip der Trendfolge nicht nur einfach aussieht, sondern für Sie in der Praxis auch einfach umsetzbar ist.

2 »The trend is your friend …«

Sie kennen bestimmt den berühmten Satz: »*The trend is your friend … until it ends.*«

Damit wird in der Geldanlage ausgedrückt: Stellen Sie sich nicht gegen einen bestehenden Börsentrend, sondern begleiten sie den Trend, denn Sie können mit ihm, dem Trend, richtig Geld verdienen.

Der Spruch soll also sinngemäß Folgendes bedeuten: Die Wahrscheinlichkeit, dass ein langer Trend an der Börse sich jeweils fortsetzt, ist wesentlich höher, als dass er sich schnell umkehrt. Denken Sie an das Beispiel Apple. Wenn Sie einen solchen langfristigen Trend mit Aktien begleiten, werden Sie sehen, dass sich im Laufe der Jahre immer wieder ein günstiger Einstiegspunkt bietet.

Sie werden niemals den besten Einstiegszeitpunkt finden – oder nur mit Glück –, aber das ist nicht problematisch. **Solange der Aufwärtstrend anhält, werden Sie mit Ihrem Investment fast immer Geld verdienen, auch dann, wenn Sie zu einem nicht optimalen Zeitpunkt einsteigen sollten.**

Auf der anderen Seite wird vielleicht deutlicher, worum es geht: Wer gegen den Strom schwimmt, hat es schwer; oder anders gesagt – wenn Sie es mit klaren Trends zu tun haben, können Sie als Contrarian, als Nicht-Trendfolger, nur in einem sehr kleinen Zeitfenster Geld verdienen. Dies funktioniert nur dann, wenn ein Trend wechselt, und kurz vorher oder nachher. Das ist ein Ratespiel, liebe Leserinnen und Leser, an dem, selbst größte Börsenstrategen schon gescheitert sind. Halten wir also fest: Durch das Begleiten von langjährigen Börsentrends können Sie mit Ihren Aktieninvestitionen richtig viel Geld verdienen. Dies wurde eingangs in den Statistiken bereits anschaulich für Sie hergeleitet.

3 Was Trendfolge mit Regeln und Risikomanagement zu tun hat

Es gibt neben den statistisch nachweisbaren Erfolgen einen Punkt, an dem die Trendfolge einen weiteren großen Vorteil gegenüber anderen Investment-Strategien aufweist. Denn bei der Trendfolge-Strategie geht es nicht nur darum, lukrative große Börsentrends zu erkennen.

Vielmehr können Sie Ihren Erfolg deutlich beeinflussen, wenn Sie die bekannten Methoden des Risikomanagements und klare Regeln anwenden. Damit wird die Trendfolge etwas komplexer, als es zuvor mit der GD-200-Strategie vielleicht schien. Es geht um Ihren Erfolg und Ihre Sicherheit.

Was für Sie als Anleger auf den ersten Blick wie eine sehr einfache Strategie aussieht, ist in Wirklichkeit eine ausgeklügelte sowie grundlegende Methode, die von erfolgreichen Investoren in aller Welt angewendet wird.

Trendfolge besteht – anders als es sehr vereinfachte Darstellungen suggerieren – nicht nur darin, in einen Chart eine Linie einzuzeichnen und dann zu hoffen, dass sie weiterhin von links unten nach rechts oben verläuft. Ein wesentlicher Kernpunkt der Trendfolge besteht darin, dass man die Marktbewegungen der Vergangenheit studiert, darauf aufbauend einen Investmentplan erstellt, Regeln aufstellt, diese Regeln anzuwenden lernt und darüber hinaus eine Risikomanagement-Strategie anwendet.

Ein Sprichwort, das ich in diesem Zusammenhang gern erwähne: **»Wer nicht plant, der plant das Scheitern.«**

Trendfolger sind erfolgreich, weil sie einen Plan ihres Investments umsetzen, der den Schwerpunkt auf Risikomanagement und das strenge Befolgen von Regeln legt. Ich hoffe, dass Sie an dieser Stelle bereits erahnen, wie wichtig es ist, Risiko zu managen, Regeln aufzustellen und vorauszuplanen. Tun Sie das nicht, sind Sie leider zum Scheitern verurteilt.

4 Die Psychologie der Märkte

Einer der wohl wichtigsten Aspekte, die Sie im Hinblick auf das Trendfolge-Prinzip verstehen sollten, um es vorteilhaft zu nutzen, ist die Bedeutung der Psychologie für die Märkte. Was ist ein Markt überhaupt? Zu jedem Zeitpunkt ist er nichts als die Summe aller Entscheidungen seiner Teilnehmer. **Diese Märkte sind ineffizient, weil ihre Teilnehmer ineffizient sind.**

Daher sind Teilnehmer, die ihre Emotionen besser unter Kontrolle haben, klar im Vorteil. Das Paket erfolgreicher Trendfolger besteht darin, einerseits einen Satz an Regeln anzuwenden und andererseits das menschliche Element unter Kontrolle zu haben. Das ist der Kern der Strategie.

Um sich durch das unvermeidliche Auf und Ab des Marktes hindurch an das Trendfolge-Prinzip zu halten, brauchen Sie Disziplin und Sie müssen Ihre Emotionen beherrschen. Bedenken Sie bitte auch, dass Trendfolger mit Aufs und Abs rechnen müssen. Sie sollten diese Aspekte also von vornherein einplanen.

Halten Sie bitte fest:

> Die Trendfolge hilft Ihnen nicht nur, große Trends zu erkennen und gute Zeitpunkte für den Kauf zu finden, sondern auch und vor allem, die Risiken zu managen und damit eine systematische Methode zu entwickeln und zu erkennen, wann Sie verkaufen sollten. Die Ergebnisse sprechen für sich – denken Sie an den traurigen Fall von Wirecard.

5 Trendbegleitung: Die Königsdisziplin!

Begleiten Sie langjährige Börsentrends mit starken Trendfolge-Aktien, verfolgen Sie wahrscheinlich die erfolgreichste Anlagestrategie überhaupt. Denn starke Trendfolge-Aktien folgen in der Wertentwicklung an den Börsen über Jahre – oft sogar über Jahrzehnte – den steigenden Umsätzen und Gewinnen der Unternehmen, an denen Sie als Trendfolger beteiligt sind. Unternehmen, die Trends setzen und nutzen, werden an den Aktienbörsen oft selbst zum Trend.

Selbstverständlich gibt es auch in Megatrends, die Jahrzehnte andauern, immer wieder Phasen, in denen die Aktien seitwärts laufen oder auch einmal fallen. Wichtig ist, dass Sie bei den großen Megatrends Geduld mitbringen – die Kurse werden Sie langfristig belohnen.

Solche Trends sind die Königsklasse der Geldanlage für all jene, die nicht wie Warren Buffett tagein, tagaus die Bilanzen einiger Unternehmen wälzen wollen oder können. Und dennoch – Sie erinnern sich an Apple – können Sie mit Warren Buffett mithalten oder den US-Amerikaner auch übertrumpfen.

Die Methode ist im Grunde seit mehr als 120 Jahren bekannt. Begründet wurde sie von einem Aktionär, der auch heute noch mindestens so berühmt ist wie Warren Buffett.

6 Die Geburtsstunde der Trendfolge

Der Urvater der Definition von Trends ist Charles Dow, der Ende des 19. Jahrhunderts lebte, das berühmte amerikanische *Wall Street Journal* mitbegründete und im Jahr 1896 den bis heute berühmten Dow Jones Industrial Average Index kreierte, auch bekannt unter dem Kurznamen Dow Jones. Charles Dow hat den Dow Jones (Industrial Average) als Index überhaupt erst begründet, weil er ein Abbild der Börsen suchte. Er wollte auf einen Blick sehen, ob sich bestimmte Muster und – Achtung – Trends ableiten ließen, um alles Tag für Tag einordnen zu können. Der tägliche Indexpunktstand war ihm ein solches Abbild.

Doch auch in der Beschreibung von Trendphasen legte Charles Dow Grundlagen, die wir bis heute nutzen.

Im Folgenden beschreibe ich Ihnen die drei Trendphasen nach Charles Dow genauer.

Wichtigstes Merkmal eines Börsentrends ist laut Dow eine Aufeinanderfolge von steigenden Hochs und steigenden Tiefs.

Phase 1 – Die Entstehung eines Trends

In dieser Trendphase steigen nur Investoren in eine Aktie ein, die gut informiert sind und nicht bereits einer Herde hinterherlaufen müssen. Oft gibt es noch keine besonders guten Nachrichten zur Marktlage, also keine sichtbare Wende. Die negativen Faktoren sollten hingegen eingepreist sein; der Markt beginnt, einen Boden auszubilden.

Sie kennen bestimmt den Satz: »**Nachrichten machen Märkte und Märkte machen Nachrichten.**« Stimmungen sind oft wichtiger als die wirtschaftliche Realität. Hat sich in den Medien erst eine negative Stimmung durchgesetzt, sinken die Kurse. Es folgen in der öffentlichen Wahrnehmung weitere trübe Nachrichten, die Kurse sinken weiter.

Irgendwann jedoch kommt der Moment, an dem negative Nachrichten zu keinen weiteren Kursabschlägen mehr führen. Alle negativen Szenarien sind bereits im Kurs berücksichtigt. Man könnte auch sagen: **Jeder, der verkaufen wollte, hat bis hierhin verkauft.** Investiert sind nur noch die Langfristinvestoren, die die Aktien ohnehin noch über viele Jahre halten wollen und die darüber hinaus das Sitzfleisch haben, auf den nächsten Aufwärtsschub zu warten. An diesem Punkt bildet sich ein Boden, der die Basis für die nächste Aufwärtstrend-Phase bildet.

Phase 2 – Die Aufmerksamkeit steigt

In dieser Trendphase wird oft die breitere Öffentlichkeit auf den Trend aufmerksam. Die Kurse beginnen zu steigen. Oftmals beginnt dann auch die Berichterstattung der Medien über den Trend und die breite Masse der Kleinanleger wird aufmerksam und beginnt, die Aktien zu kaufen. Erste Kursgewinne stellen sich ein und institutionelle Anleger wie Fonds oder Versicherungen werden aufmerksam. Steigen diese ein, dann beginnt der Markt aus sich selbst heraus für die positive Stimmung zu sorgen. Gerade die großen Investoren können einen Trend entstehen lassen, in dem der Trend, wie es so schön heißt, den Trend speist.

Die Langfristinvestoren, die bereits in Phase 1 eingestiegen sind, reiben ihre Hände und freuen sich über die Gewinne, die jetzt kommen werden. Alles in allem sind jetzt mehr Käufer als Verkäufer im Markt. Das Angebot übersteigt also die Nachfrage. Die Kurse steigen aus sich selbst heraus. In starken Phasen kann ein solcher Trend über Jahre anhalten. Warum? Der Trend füttert nicht nur den Trend für die bestehenden Märkte mit Teilnehmern, die schon da sind – sondern lockt zusätzlich Investoren an. Es gibt überhaupt nur Trends, weil sich immer mehr Investoren von einer Entwicklung angezogen – oder abgestoßen – fühlen.

Phase 3 – Jetzt heißt es Geld verdienen!

Im Idealfall würden nach mehreren Jahren Aufwärtstrend spektakuläre Kursgewinne unter dem Strich stehen. Die Umsätze für solche Aktien oder ganze Märkte sind immens. Fast kerzengerade schießen manche Kurse nach oben.

Die Wirtschaft brummt, das Klima ist gut, die Medien sehen alles durch die rosarote Brille. Dies ist die Trendphase, in der sich das meiste Geld verdienen lässt, in der sich aber auch viele Kleinanleger die Finger verbrennen, wenn sie zu spät auf den Zug aufspringen. In Deutschland heißt es, wenn die *Bild*-Zeitung zum Einstieg rät, sei alles zu spät. Dann sollten Sie verkaufen. Es ist die Phase, in der die großen Anleger schrittweise ihre Positionen reduzieren und zu Höchstpreisen an ahnungslose Kleinanleger verkaufen, die glauben, ein Aufwärtstrend würde ewig anhalten. Der Höchststand naht dann in aller Regel.

Bei allem Spott über die Kleinanleger, die zu spät angelockt werden: Es gibt kein optimales Timing!

Es ist eine schöne Vorstellung: Müsste es nicht irgendwie möglich sein, mit Trend-Investments am Tiefpunkt eines Trends einzusteigen, genau dann, wenn eine Aktie zu den niedrigsten Kursen zu bekommen ist, und genau so lange investiert zu sein, bis der Höchstpunkt vor einer längeren Korrekturphase erreicht ist und bevor ein Teil der Gewinne wieder abgegeben wird? Die Antwort auf diese Frage ist leider eindeutig: Nein! Es gibt immer wieder Investoren, die das schaffen. Das ist statistisch betrachtet auch normal – wenn Millionen mitmachen, wird irgendein Glückspilz schon dabei sein. Lassen Sie sich dadurch nicht täuschen. Im Regelfall ist ein optimales Timing nicht möglich.

7 Irrtum 1 über Trend-Investments: Einstieg am Tiefpunkt

Schon per Definition schließt es sich aus, als Trendfolge-Investor am Tiefpunkt einer Aktie einzusteigen. Trendfolge bedeutet schließlich, einem Trend *zu folgen*. Niemand kann einem Trend folgen und gleichzeitig vorher dabei sein. Ergo: Als Trendfolger sind Sie immer spät dran. Das ist befreiend – Sie können warten, bis Sie einen Trend identifizieren.

Wie wir gesehen haben, müssen einige Bedingungen erfüllt sein, um einen lukrativen Trend zu identifizieren. Damit überhaupt ein Trend vorliegt, muss ein höheres Hoch und ein höheres Tief im Vergleich zu vorherigen Notierungen ausgebildet sein. Der aktuelle Aktienkurs muss sich somit von seinen Tiefständen schon deutlich abgesetzt haben.

In unserem Zeithorizont als langfristige Investoren sprechen wir hier nicht von Hochs und Tiefs, die sich innerhalb weniger Tage ausbilden, sondern von charttechnisch bedeutenden Marken, die oft mindestens einen Monat brauchen, bis sie sichtbar sind.

Die Entstehung des Trends, also Phase 1, muss abgeschlossen sein, damit die Wahrscheinlichkeit steigt, dass es sich um einen dauerhaften Trend handelt, den wir lukrativ begleiten können. Bis der Punkt kommt, an dem wir über einen Einstieg in Trend-Investments überhaupt nachdenken und weitere Einstiegskriterien überprüfen können, haben wir uns vom Tiefstand also schon deutlich und viele Prozentpunkte nach oben entfernt.

Das Tief tatsächlich punktgenau zu erwischen, ist extrem unwahrscheinlich. Oft kommt doch noch ein neuer Abwärtsschub, bevor es aufwärts geht. Im schlimmsten Fall lag man dann zwar mit seinen Grundannahmen richtig, hat aber trotzdem Geld verloren, weil der gewünschte Effekt einfach zu spät eingetreten ist.

Übrigens: Wer versucht, am Tiefpunkt einzusteigen, betreibt eine andere Strategie – er ist oftmals Value-Investor oder Turnaround-Trader. Er kauft unterbewertete Aktien, die in der letzten Zeit stark gefallen sind, aber dennoch Wachstumspotenzial haben können und hofft, dass die Unterbewertung langfristig ausgeglichen wird. Hierfür braucht es jedoch einen langen Atem.

8 Irrtum 2 über Trend-Investments: Ausstieg zum Höchstkurs

Dass man in eine Trendfolge-Aktie mit Trend-Investments nicht am Tiefpunkt einsteigen kann, sehen viele Anleger noch ein. Noch viel schwieriger zu akzeptieren ist es jedoch, dass man nicht am Höchststand aussteigen wird. Natürlich kann man einmal eine Gewinnmitnahme vornehmen, wenn eine Trendfolge-Aktie besonders weit gestiegen ist. **Allerdings ist der Sinn der Trendfolge ja gerade der, dass Sie den Trend möglichst lange mitnehmen.** Trends laufen, wenn die Welle groß genug wird, oft viel weiter, als sich viele Anleger vorstellen können, und ein vorzeitiger kompletter Ausstieg würde eine viel zu frühe Gewinnmitnahme und die verpasste Chance bedeuten, einen richtig großen Wurf zu landen. Denken Sie bitte daran: Nur in großen Wellen verdienen Sie viel Geld. Es gilt, in den kleinen Wellen möglichst wenig zu verlieren.

Es gibt deshalb für erfolgreiche Trendfolge-Investoren keinen anderen als diesen Weg: Erst wenn ein Trend klar verlassen wurde, erst wenn tiefere Hochs und tiefere Tiefs ausgebildet wurden, erst wenn klare Warnsignale vorhanden sind, dass eine einmal begonnene Korrektur sich ausweiten könnte, erst dann ist es sinnvoll, aus einem Trendfolge-Titel auszusteigen und ein Trend-Investment zu verkaufen.

9 Fazit Trendbegleitung

Einen Trend zu begleiten, bedeutet stets, den mittleren Teil der Trendbewegung so lange wie möglich mitzumachen. Sie müssen in einer großen Welle den Kamm reiten und nicht vorzeitig abbrechen. Erst wenn es klare Signale für einen Trend gibt, können wir in diesen als Trendfolger mit einem Trend-Investment einsteigen. Und erst wenn es klare Signale dafür gibt, dass ein Trend vorerst pausiert oder endgültig beendet ist, ist ein Ausstieg sinnvoll. Wer zu früh aus einem Trend-Investment aussteigt, anstatt die Gewinne laufen zu lassen, verpasst oft den lukrativsten Teil des Trends.

Die gute Nachricht: Sie können im Grunde nicht rechtzeitig ein- oder aussteigen. Das schlechte Gewissen, die Sorge, etwas zu verpassen, die viele andere Anlagesysteme mit sich bringen, sind hier überflüssig.

Bevor ich Ihnen ein gutes System vorstelle, mit dem Sie Trends an den Börsen identifizieren, gehen wir jedoch noch einen Schritt zurück: Wenn Sie wirklich große Trends mitmachen wollen, reduziert sich der Pool an Unternehmen, unter denen Sie aussuchen können. Die größten Trends an den Börsen schaffen jene Konzerne, die selbst Trends setzen. Denken Sie an das gigantische Unternehmen Apple.

Der erste Schritt überhaupt: Betrachten Sie Gesellschaftstrends

Die großen Trends an der Börse werden von den absoluten Champions unter den Aktien gebildet, von den Besten der Besten, die über viele Jahre wachsen und steigende Gewinne erwirtschaften. Trends kennt jeder, denn wir werden tagtäglich mit ihnen konfrontiert. Aber ist Ihnen schon einmal in den Sinn gekommen, sich durch diese Trends Gewinne zu sichern? Zum Beispiel als Altersvorsorge oder zum Vermögensaufbau?

Die meisten Menschen nehmen die Trends gar nicht als solche wahr und daher ist ihnen die Macht dieser Trends auch nicht in vollem Ausmaß bewusst. Doch wie sehr Trends Menschen beeinflussen, bemerkt man am ehesten bei der Entwicklung der Kinder und Jugendlichen.

Da spielen Musiktrends, Modetrends, Sporttrends und viele weitere Trends eine enorme Rolle. Die Fans lieben vielleicht ihr iPhone von Apple, die Facebook-Freunde posten ihr Leben am liebsten dort (inzwischen zeigen uns die jungen Menschen, dass Instagram und Co. viel beliebter sind). Wenn Sie im Internet etwas suchen, dann googeln Sie – und das seit vielen Jahren.

Ein Kaffee bei Starbucks und schnell noch bei McDonald's vorbei, und bezahlt wird mit Visa und Mastercard und dann ab auf die Couch zur Netflix-Zeit. Der Morgen fängt mit Zähneputzen an, vielleicht mit Colgate, zum Frühstück gibt es Müsli aus dem Hause Nestlé, später dann ein kühles Getränk von Coca-Cola, und so geht es mit vielen Trendprodukten Tag für Tag ein Leben lang weiter.

Von Geburt an ist jeder Mensch indirekt Trendfolger und Herdenmensch. Fast jeder Mensch trägt dazu bei, dass sich Trendmarken immer weiterentwickeln. Verkaufen Börsen-AGs diese Trends, stehen nicht unbedingt nur große Eigentümer an der Kasse, sondern oft auch viele »kleine« und einfache Aktionäre.

Im ersten Schritt also geht es darum, sich vor allem die Unternehmen zu suchen, die große Trends und Megatrends gesetzt haben. Dabei helfe ich Ihnen gerne – künftige Megatrends, die bis zum Ende der 2020er-Jahre meiner Meinung nach am meisten profitieren werden, beschreibe ich im Kapitel »Die besten Trendfolge-Aktien« im Unterkapitel »Megatrends bis 2030«. Hinter diesen Trends steht eine riesige unternehmerische Maschinerie, also Unternehmen, die diese Trends verstärken wollen – am besten über Jahre. Die meisten Menschen wissen nicht, wie gut organisiert diese Trends eigentlich sind.

Da es im ersten Schritt darum geht, solche Unternehmen zu finden, nenne ich Ihnen zwei weitere Beispiele für Konzerne, die Trends gesetzt haben und deren Kurs fast pausenlos steigt. Dies sind Trend-Aktien par excellence.

Was ist überhaupt ein Trend oder sogar Megatrend?

Lassen wir in diesem kurzen Abschnitt andere Trend-Experten zu Wort kommen. Laut dem renommierten *TREND REPORT* stammt das Wort Trend vom englischen »kreiseln« oder »tendieren«.

Trends können soziologisch, mathematisch (statistisch) oder wirtschaftlich (Börse) sein. Der Trend ergibt sich, wenn eine bestimmte Masse von Unternehmen, Personen oder Meinungsführern (relativ zu ihrer jeweiligen Gesamtzahl) einer bestimmten Verhaltensweise oder Entwicklung unterliegt.

Das sehr bekannte und auch renommierte Zukunftsinstitut von Matthias Horx beschreibt Megatrends so: »Lawinen in Zeitlupe – dieses Bild beschreibt Megatrends ganz gut, denn Megatrends entwickeln sich zwar langsam, sind aber enorm mächtig. Sie wirken auf alle Ebenen der Gesellschaft und beeinflussen so Unternehmen, Institutionen und Individuen.«

Wie unterscheiden sich Megatrends von anderen Trends?

Megatrends nehmen eine grundlegende Rolle ein, sie sind gewissermaßen die Blockbuster des Wandels: jene Trends, die einen großen, epochalen Charakter haben. Das Entscheidende an den Megatrends ist aber weniger ihre Dauer als ihr Impact. Megatrends verändern nicht nur einzelne Segmente oder Bereiche des sozialen Lebens oder der Wirtschaft, sondern formen ganze Gesellschaften um. Als Cluster von Trends kommen in ihnen verschiedene Wandlungsbewegungen zusammen: technologische, soziale und ökonomische.

Besser und treffender kann man die Apple-Aktie nicht beschreiben!

Quellenangabe: Trend Report und Zukunftsinstitut

10 Trend-Unternehmen – Zwei Beispiele für Sie

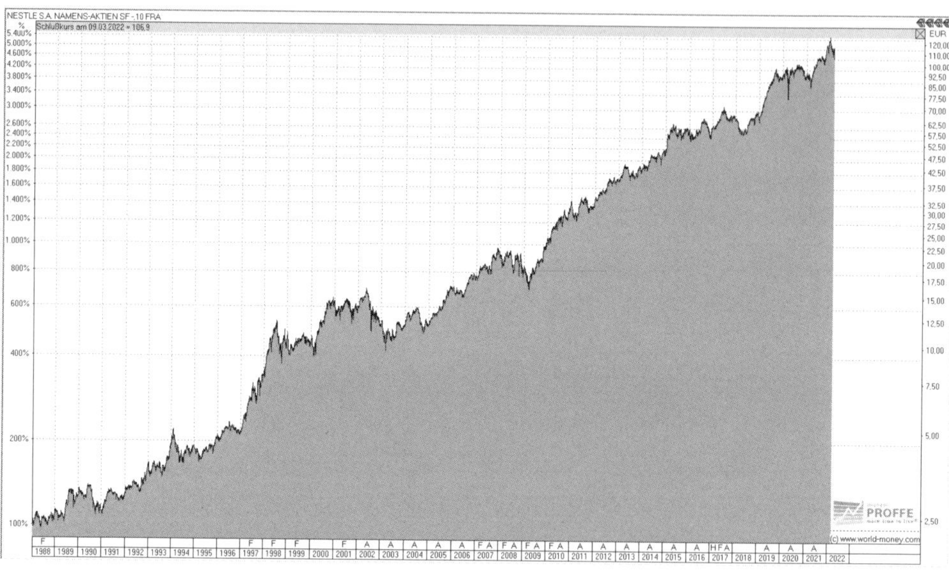

Abb. 15: Produkte aus dem Hause Nestlé sind in fast jedem Haushalt vertreten, und zwar generationenübergreifend.

Quelle: www.world-money.com, www.proffeinvest.de

Wer permanent Trends setzt, verdient immer mehr Geld. Da ist es kein Wunder, dass der Aktienkurs von Nestlé in den letzten 33 Jahren immer nur eine Richtung kennt, und zwar aufwärts. Dank sei allen Konsumenten.

Ein weiteres Beispiel einer geradezu vollkommenen Trendfolge-Aktie ist Amazon. Sowohl die Aktie beschreibt einen immensen Trend als auch das Unternehmen. Immer mehr Menschen kaufen online auf dieser Plattform und lassen sich nur zu gern die Waren nach Hause liefern.

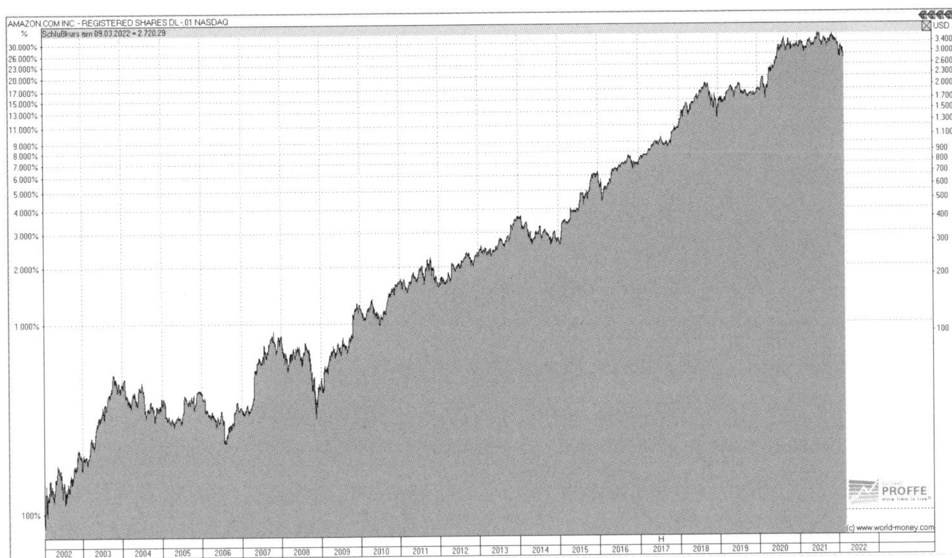

Abb. 16: Bestellen Sie bei Amazon? – Die Amazon-Aktie von 2002 bis 2022

Quelle: www.world-money.com, www.proffeinvest.de

Die Amazon-Aktie ist seit 2002, also seit 20 Jahren in einem einzigen Aufwärtstrend, der salopp gesagt, von unten links nach oben rechts immer weiter ansteigt.

Weitere Beispiele finden Sie in Kapitel VI. Das Prinzip im Schritt 1 ist allerdings recht einfach:

Suchen Sie nach gesellschaftlich relevanten Trends. Dann finden Sie Unternehmen, deren Aktien gleichfalls einen enormen Trend an den Börsen beschreiben können.

Doch zuvor zeige ich Ihnen das vielleicht beste Trendfolge-Unternehmen der Welt – das sogar der wohl beste Investor der Welt verpasst hat, weil er die Trendfolge selbst nicht hinreichend beachtet.

Der absolute Top-Gigant unter den Trend-Unternehmen: Apple!

Die Geschichte eines 43 000-Prozent-Trends – und was wir alle daraus lernen können

Jährlich pilgern 40 000 Anhänger zur Hauptversammlung des wohl erfolgreichsten Investors aller Zeiten nach Omaha, USA – zu Warren Buffett und dessen Beteiligungsgesellschaft Berkshire Hathaway. Doch selbst der berühmteste und weiseste Investor der Welt räumte vor Jahren ein, dass er den wohl größten Trend, den es jemals gab, lange übersehen, ja, verpasst hat.

Heute ist Buffett Großaktionär des erfolgreichsten Trend-Unternehmens, das die Welt gesehen hat: Apple. Inzwischen ist es das mit Abstand teuerste Unternehmen überhaupt und bricht schon seit Jahrzehnten immer wieder neue Rekorde.

Wäre Buffett nicht nur Value-Investor, sondern Trendfolger, wäre er wohl schon vor 20 Jahren eingestiegen und hätte mit dem inzwischen teuersten Unternehmen der Welt seither 43 000 Prozent Kursgewinn eingefahren. Mehr als 42 000 Prozent Kursgewinn aber hat selbst Warren Buffett verpasst – weil er dem Markt nicht zuhörte, weil er selbst die erfolgreichsten Trends einfach ignoriert.

In diesem einen Punkt musste sich der große Lehrmeister von der Börsengeschichte belehren lassen.

Reisen Sie einfach 20 Jahre zurück in die Vergangenheit. Es ist das Jahr 2002. Am 1. Januar wird der Euro als Bargeld eingeführt und somit verschwindet unsere bis dahin geliebte D-Mark. Der deutsche Bundeskanzler heißt Gerhard Schröder und gehört der SPD an. Im Sommer wird Deutschland in Japan/Südkorea Fußball-Vizeweltmeister und das Wort des Jahres ist »Teuro«!

Es ist für viele von uns so, als wäre das erst gestern gewesen. Und doch liegen zwischen dem damaligen Aktienkurs des inzwischen teuersten Unternehmens der Welt und dem heutigen Kurs 43 000 Prozent Unterschied. War das damals erkennbar? Überlegen Sie selbst.

Erinnern Sie sich noch an das iPod von Apple?

iPod – ein unnützes Spielzeug oder doch die Geburtsstunde des größten weltweiten Trends?

Wann sind Ihnen zum ersten Mal Menschen auf der Straße oder in der Fußgängerzone mit weißen Kopfhörern begegnet? Und was haben Sie dabei gedacht? Was für Exoten unterwegs sind, vielleicht sogar Spinner?

Ein Jahr zuvor, also im Jahr 2001, erschien der erste iPod und wurde von den meisten Menschen erst einmal müde belächelt. Warum? Ohne Zweifel war das Musikabspielgerät interessant, die Qualität war hoch – aber es kostete 300 US-Dollar … viel zu viel.

Tech-Freaks und auch Börsenanalysten hielten die Erfolgsaussichten für eher trübe bis mau. Von den Otto Normalverbrauchern ganz zu schweigen. Apple galt noch immer als alternativer »Computer-Hersteller«, der jetzt einfach ein Musik-Abspielgerät nebenher auf den Markt brachte. Die meisten übersahen, dass Apple sich mit seiner Technologie fast schon spielerisch in unser aller Leben einmischte. Apple stellte nicht einfach nur ein Abspielgerät zur Verfügung, das viel zu teuer war. Apple entwickelte sich zum Torwächter, zum Gatekeeper zwischen der Jahrhunderte alten Welt der Musikproduzenten (wenn ich selbst die alten Klassiker so nennen darf) und unseren Ohren.

Apple fing an, nicht nur Geräte zu produzieren, sondern Daten und Dateien aufzukaufen und damit zu handeln. Apple griff einen der bedeutendsten Trends der gesamten jüngeren Menschheitsgeschichte auf. Schon im 16., im 17. und in allen folgenden Jahrhunderten scharten wir uns um die Musik, die unser Leben untermalt. Und Apple griff zu – schon 2003 führten die Amerikaner ihren iTunes Music Store ein.

Das Unternehmen vereinte nach und nach, letztlich weltumspannend, den Zugang zur Musik mit den Abspielgeräten, die es teuer zur Verfügung stellte. Apple selbst wurde technisch betrachtet praktisch zum Trendfolger und hatte sich schon seit Jahrzehnten die passende Gemeinde dazu geschaffen. Apple galt ohnehin als Kultunternehmen.

Dabei setzte Apple schon sehr früh selbst Trends (und führte zum Beispiel die Maus als Zeigegerät für Computer ein, während Bill Gates noch jahrelang auf der Tastatur Pfeile bediente) und nutzte die vorhandenen Trends.

2007 – Warren Buffett hatte den Zug weiterhin noch lange nicht im Blick – vereinte Apple den Zugang zur Musik mit dem nächsten Megatrend: Smartphones. Das iPhone eroberte die Welt – eine einzigartige Plattform für die Telefonie, für das bisherige iPod und auch für den Zugang zum Internet. Apple fasste mit dem iPhone im Grunde auf einer einzigen Plattform alle vorhandenen technischen Trends nutzerfreundlich zusammen. Ein einzigartiger Siegeszug begann.

Erst Jahre später, 2016, erkannte unser Value-Investor Warren Buffett, um welch gigantisches Trend-Unternehmen es sich dabei handelt. 2018 adelte er Apple in aller Öffentlichkeit: »Es ist ein unglaubliches Unternehmen«, sagt Warren Buffett. »Wenn du dir Apple anschaust, dann denke ich, dass es ungefähr zwei Mal so viel verdient wie das zweitprofitabelste Unternehmen in den Vereinigten Staaten.«

Er sprach vom größten Trend-Unternehmen der Welt. Ein Unternehmen, das vorhandene Trends einfach nur technisch geschickt und auch schön verpackt aufgriff und immer mehr Menschen weltweit an sich band und bindet.

Sie fragen sich jetzt vielleicht, warum ich Ihnen das erzähle?

Vom Penny-Stock zum 3-Billionen-US-Dollar-Unternehmen

Nun, weil Apple wahrscheinlich genau deshalb die beste Trendfolge-Aktie der Welt geworden ist. Schauen Sie sich einmal an, was seit 2002 mit Apple an der Börse passierte.

Wenn Sie diesem Trend-Unternehmen also 2002 gefolgt wären, würden Sie sich über 43 000 Prozent Kursgewinn freuen können. Doch dies ist den meisten Anlegern in aller Regel nicht gelungen. Selbst Warren Buffett ließ mehr als 42 000 Prozent einfach liegen. Weil er kein Trendfolger ist.

11 Werkzeuge für Trendfolge-Investoren: Disziplin und Geduld

Wenn Sie einen entsprechenden Unternehmenspool aufgebaut haben, also Trend-Unternehmen gefunden haben, gilt es im nächsten Schritt, die gerade wirtschaftlich besonders erfolgreichen Trend-Konzerne auch an den Börsen zu finden. Sie werden sie nur finden und dort profitabel investieren können, wenn Sie diszipliniert vorgehen und investieren. Versuchen Sie nicht, etwa kurzfristig als Trader klüger als der Markt zu sein. Große Trends können kleine Auf- und Abwärtsphasen haben; tendenziell geht es immer nach oben.

Diese vier Faktoren sind entscheidend für Ihren Erfolg

1. Finden Sie an den Aktienmärkten selbst, an den Börsen, den Trend – und investieren Sie mit dem Ziel, langfristig dabei zu sein.
2. Folgen Sie dem Trend an den Börsen so lange, bis er bricht.
3. Investieren Sie nun in einen neuen Trendfolger.
4. Bleiben Sie diszipliniert und wechseln Sie Ihre Anlagestrategie nicht.

12 Das Börsen-Werkzeug für Trendfolge-Investoren

Nehmen wir an, Sie haben nun eine Auswahl an entsprechenden Unternehmen gefunden. Dann geht es Ihnen wie mir vor vielen Jahren. Es gab Unternehmen, die mich faszinierten, Unternehmen, die damals schon klassische Trend-Konzerne waren. Unter diesem Pool an Unternehmen gab und gibt es jedoch immer einige, die auch an den Börsen Geschichte schreiben oder in Zukunft schreiben werden.

Ich widmete mich schon frühzeitig der Trendfolge – denn die Trends selbst waren ja bereits gesetzt.

Wie alles begann: Es gibt Tausende von Ansätzen, um Trends an den Aktienmärkten frühzeitig zu identifizieren. Meine eigene Trendfolge-Strategie basiert auf der Forschung zu meiner Diplomarbeit. Ziel der Arbeit war es, eine Aussage über die langfristigen Erfolgsaussichten einer Aktie treffen zu können.

Wie misst man langfristige Erfolgschancen?

Dabei können Sie als Investor wie Warren Buffett nach unterbewerteten Unternehmen forschen. Warren Buffett hat über 50 Jahre lang gezeigt, dass dies funktioniert, wenn Sie zahlreiche Bilanzen Tag für Tag durchwühlen und auch einmal über einen langen Zeitraum einfach nichts kaufen.

Das von mir damals entwickelte Bewertungsmodell weicht von solchen traditionellen Ansätzen in der Beurteilung von Unternehmen ab. In meinem Beurteilungsmodell geht es nicht um den zukünftigen Ertrag dieser Unternehmen, der sich aus den Bilanzen vielleicht ableiten lässt, sondern um Trends. Trends, die Unternehmen entdecken und/oder setzen, und Trends, die sich daraufhin an den Aktienbörsen ausbilden.

Schon früh zeigte sich, dass das große Geld sich in ebenso großen Trends verdienen lässt, wenn Sie zumindest halbwegs rechtzeitig auf eine solche Entwicklung stoßen. Immer wieder gibt es Unternehmen, die große Trends setzen, immer wieder belohnt der Markt dies mit langanhaltenden, großen Gewinnwellen. Diese großen Trends galt und gilt es zu finden. Das ist die Aufgabe des übernächsten Abschnitts. Es gibt Unternehmen, die schlicht immerfort Geld verdienen und verdienen werden.

Doch die Strategie verdient es, dass Sie sich auch mit den negativen Seiten der wirtschaftlichen Entwicklung auseinandersetzen. Selbstverständlich gibt es auch schwache und sehr schwache Phasen. Mir persönlich hilft die Idee der Trendfolge auch in diesen Situationen.

V

AUCH IN ABWÄRTSTRENDS ERFOLGREICH SEIN – DAS PRINZIP

Die Trendfolge basiert wie mehrfach dargestellt im Prinzip auf ganz einfachen Überlegungen. Der Mensch orientiert sich in den meisten Lebensphasen immer auch an Anderen, weil dies als das sinnvollere Prinzip erscheint, wenn wir nicht allwissend sind. So entstehen Trends – und die lassen sich an den Börsen nutzen.

Auf diese Weise lassen sich nicht nur die Aufwärtstrends an den Börsen nutzen, es lässt sich im Bedarfsfall auch in Abwärtstrends Geld verdienen – oder Verluste vermeiden. Das Prinzip bleibt dasselbe.

Ich selbst bevorzuge es prinzipiell, auf steigende Kurse zu setzen. Es ist eine super Sache, sich an langfristig erfolgreichen Unternehmen zu beteiligen, gemeinsam mit ihnen zu wachsen und die positive Entwicklung zu sehen. Darauf zu warten, dass Unternehmen ihr Geld verlieren und den Markt enttäuschen, bringt mir persönlich keinen großen Spaß.

Erfahrungsgemäß lassen sich auch in Krisenzeiten Unternehmen identifizieren, die trotz der Ereignisse weiterlaufen. In langfristig erfolgreichen Unternehmen ist das Kapital also auch in Krisenzeiten sehr sicher, selbst wenn sie ein wenig korrigieren – langfristig werden sie steigen.

Nichtsdestotrotz ist auch das Setzen auf fallende Kurse ein häufig genutztes Werkzeug an der Börse und die Grundlagen dazu sollen Ihnen daher nicht vorenthalten werden.

Wenn Sie ein System haben, in dem Sie feststellen, dass ein Wechsel hin zu einem Abwärtstrend stattfindet, entscheiden Sie, ob Sie das Risiko einer Short-Position auf sich nehmen oder Ihr Geld aus dem Markt ziehen und zumindest verzinslich investieren.

Schon dieses Prinzip stellt sicher, dass die Trendfolge deutlich bessere Ergebnisse erzielen kann als einfache Buy-and-hold-Ansätze. »Buy and hold« bedeutet, dass Sie in schlechten Phasen – in Abwärtsphasen – darauf hoffen müssen, dass sich die Kurse wieder erholen.

Warten kann sich lohnen

Grundsätzlich sind auch gute Trendfolge-Systeme immer langfristig angelegt, sodass Sie schlechtere Phasen erleben werden. Die Trendfolge ist kein Prognose-System, das gewissermaßen »weiß«, was am nächsten Tag passiert. **Die Trendfolge ist vielmehr ein System, dass der Realität nachläuft.** Prognosen über kurzfristige Zeiträume verbieten sich daher nicht nur, sondern sind auch sinnfrei.

Deshalb suche ich bevorzugt nach starken Trend-Unternehmen, schließe aber nicht aus, in kurzfristig schwächeren Zeiten auch einmal zu warten. Dennoch können Sie Trendfolge-Systeme – wenn Sie stets handeln wollen – auch anwenden, um schwache Phasen möglichst auszunutzen.

Die Vorgehensweise ist bei der Trendfolge grundsätzlich immer dieselbe.

1. Sie legen ein Signal oder ein ganzes System an Signalen fest, die einen Trendbruch anzeigen sollen – also den Wechsel von einem Abwärtstrend in einen Aufwärtstrend.
2. Wenn Sie sich diszipliniert an das System halten, können Sie bei einem erfolgreichen Wechsel in einen neuen Trend die jeweilige Aktion festlegen. Im Falle eines Abwärtstrends können Sie beispielsweise Short-Papiere kaufen.

Short-Papiere: Sie haben die Auswahl

Mittlerweile ist es in Deutschland sehr einfach, selbst short zu investieren. Sie können beispielsweise entsprechende Optionen kaufen, Optionsscheine, Short-Zertifikate und sogar ganze Short-ETFs, die so konstruiert sind, dass diese bei fallenden Indizes Geld verdienen.

Allerdings gebe ich zu bedenken, dass die Trendfolge aus meiner Sicht anders zu verstehen ist: Sie werden damit kein Prognosesystem für den nächsten Handelstag haben, sondern recht entspannt und einfach feststellen, dass es kleinere Wellen gibt und eines Tages die größere Welle einsetzt. In der können Sie wiederum Geld verdienen.

Short-Strategien bieten sich demnach vor allem dann an, wenn Sie große Abwärtswellen identifizieren möchten. Auch hier gibt es Beispiele dafür, dass Sie mit der Trendfolge recht einfach und frühzeitig zumindest große Verluste vermeiden können.

Abb. 17: Beispiel Dax: Internet-Blase 2000, 9/11, Finanzkrise: Abwärtstrends lassen sich erkennen

Quelle: boerse.de, eigene Bearbeitung

Sie sehen an diesem Chart, dass der Dax allein auf Basis des GD 200 in großen Krisen klare Signale abgeben kann. Die erste gravierende Abwärtsphase der vergangenen beiden Jahrzehnte war das Platzen der Dotcom-Blase. Trendfolger hatten die Möglichkeit, den Trend schnell zu identifizieren und dabei rasch auszusteigen. Sie sehen, dass der Trend nachhaltig und nachhaltig messbar war.

Auch die große Krise nach 9/11 – dem World-Trade-Center-Anschlag 2001 – konnten Trendfolger mittels GD 200 gut erkennen und hätten entweder aussteigen können oder mit Short-Papieren sogar profitiert.

Schließlich ließ sich auch die Finanzkrise 2007/2008 am Dax gut identifizieren und Anlagen vermeiden oder mit Short-Papieren sogar nutzen. Das Trendfolge-System, das sich hier recht grob nur an dem gleitenden Durchschnitt der vergangenen 200 Tage orientiert, reicht schon, um die Bewegung der Masse mitzunehmen.

Diese klaren Trendaussagen helfen Trendfolgern unabhängig von den Signalen, die sie verwenden. Dabei gilt es aus meiner Erfahrung nur noch, das System deutlich feiner einzustellen, also ein besseres Messsystem zu entwickeln.

Abb. 18: Was hätten Sie als Trendfolger – nur anhand des sehr einfachen und groben GD 200 – zu einem Titel wie Wirecard gesagt? – Wirecard Trendchart GD 200

Quelle: onvista.de, eigene Bearbeitung

Auch mit einem solchen Messsystem geht es im Kern darum, die großen Trends von den kleinen Trends zu unterscheiden, um möglichst entspannt an den Börsen agieren zu können. Dabei müssen Sie als Investor nicht in den Tiefen der Bilanzen wühlen, die im Zweifel ohnehin nicht immer sauber sind. Sie müssen nur die Zeichen der Zeit erkennen, richtig deuten und handeln.

Hätten Sie als Trendfolger etwa Ende 2019 oder im Frühjahr 2020, als erste Probleme bei Wirecard sichtbar wurden, noch einmal gekauft, wie es zahlreiche Anleger noch im Juni machten? Als reiner Trendfolger – ohne nähere Kenntnis der Bilanzprobleme – ist die Short-Situation unübersehbar.

Ich warne noch einmal davor, dass die Trendfolge nicht als Instrument für kurzfristige Kursprognosen gebraucht werden sollte, sondern als langfristige Tendenz-Bewertung. Wenn Sie zudem auf langfristige Trend-Unternehmen setzen, verstärken sich die positiven Effekte der Trendfolge noch.

Das zeigen die praktischen Beispiele, die ich im Folgenden ausführe.

VI

DIE BESTEN TRENDFOLGE-AKTIEN

Zwei Trendfolge-Stars des vergangenen Jahrzehnts

Als Trendfolger für Unternehmen, die Megatrends setzen, werden Sie langfristig die besten Ergebnisse einfahren, wenn Sie etwas Geduld mitbringen. Es gibt Trendfolge-Trader, die versuchen, kurzfristige und noch kürzerfristige Trends zu ermitteln. Sie können jeden Chart auf der Zeitachse so einstellen, dass sich irgendein Trend auch innerhalb von wenigen Stunden zeigt. Das ist eine Trendfolge-Strategie, die ich Ihnen nach all meiner Erfahrung beim besten Willen nicht empfehlen kann.

Es geht nicht darum, Schein-Trends in irgendwelchen Kurven zu suchen, sondern um Megatrend-Unternehmen, aus deren Pool Sie dann die Aktien herausfiltern, deren Börsentrend diesem Vorteil folgt.

- Die Unternehmen, um die es dabei geht, müssen einen großen, nachhaltigen Trend setzen oder auch Teil eines solchen Trends sein – dann werden die Konzerne in aller Regel auch hinreichend viel Geld verdienen. Im vorhergehenden Abschnitt sprach ich von Unternehmen, die Megatrends setzen.
- Zudem muss sich in der längerfristigen Betrachtung zeigen, dass der Aktienmarkt diesen Trend auch aufgreift und mit steigenden Kursen belohnt. Es gibt Trendfolge-Indikatoren oder -signale, die in dieser Hinsicht sehr zuverlässige Hinweise liefern.

- Schließlich müssen echte, nachhaltige Trendfolger auch wirtschaftlich solide arbeiten. Wachstumsunternehmen (wie vor Jahren Wirecard), die einen Trend bedienen, ohne Geld zu verdienen, sind in diesem Sinne keine nachhaltigen Trendfolger. Bei der Analyse der Substanz von Unternehmen hilft ganz einfaches Studium der Bilanzen solcher Konzerne sowie etwas wirtschaftlicher Sachverstand. **Warren Buffett, der wohl erfolgreichste Anleger aller Zeiten, meint, es gäbe Dutzende von Unternehmen, die sogar noch weit unterbewertet seien.**

Ein idealtypischer Vertreter für diese Klasse von Trend-Unternehmen, die alle Faktoren erfüllen, ist das US-Kultunternehmen Apple. Beispielhaft habe ich dies schon im vorhergehenden Kapitel angedeutet. Die Erfolgsgeschichte hält seit über 30 Jahren an.

An diesem Unternehmen sehen Sie geradezu vorbildhaft, wie sich die Erfolgsfaktoren Megatrend, Aktienmarkt-Trend und wirtschaftliche Solidität in einem Titel vereinen können. Wer bei dieser Aktie nicht zum Trendfolger wird oder wurde, hat die Gelegenheit verpasst, sehr viel Geld zu verdienen.

1 Apple: Vom Macintosh über die Apple Watch zum iCar

1.1 Was haben Sie am 3. Januar 2022 gemacht? Apple schreibt Börsengeschichte

Der 3. Januar 2022 war der erste Handelstag im neuen Jahr. Ein typischer Montag im Januar: regnerisch und trübe, vereinzelt Schnee in höheren Lagen. Die meisten Menschen interessierten sich eher für die aktuellen Inzidenzwerte der Corona-Pandemie als die Kursverläufe von Dow Jones und S&P 500 an den Börsen.

Der Auftakt um 15.30 Uhr deutscher Zeit an der amerikanischen Börse verlief eher etwas holprig. Im frühen Handel rutschten die Kurse sogar ins Minus, bevor sie wieder ins Plus kletterten und beim Ertönen der Schlussglocke des ersten Handelstages einen nur moderaten Gewinn vorweisen konnten. Tesla stand im Fokus der Anleger nach starken Auslieferungszahlen im vierten Quartal. Doch an diesem Tag, im späteren Handelsverlauf, zog dann Apple die gesamte Aufmerksamkeit auf sich.

Denn erstmalig in der gesamten Historie der Börse übersprang ein Unternehmenswert die Marke von 3 Billionen US-Dollar. Dazu sollten Sie wissen, dass es nicht einmal eineinhalb Jahre gedauert hat, um die Marktkapitalisierung von Apple von 2 Billionen US-Dollar um eine weitere Billion zu erhöhen. Die erste Billionen-Marke hatte das Unternehmen im August 2018 erreicht, die zweite dann zwei Jahre später im Jahr 2020.

1.2 Eine ganz besondere Trendfolge-Aktie

Apple ist bereits seit 1980 an der Börse notiert. Allein in den letzten 20 Jahren hätten Sie mit der Aktie ein Kursplus von rund 43 000 Prozent eingefahren. Das bedeutet konkret:

Wenn Sie also vor zwanzig Jahren 10 000 US-Dollar **in Apple investiert hätten, wären Ihre Aktien heute rund 4,3 Millionen** US-Dollar **wert.** Noch überzeugender und deutlicher ist der Anstieg seit dem Börsengang. Wenn Sie damals mit 10 000 US-Dollar bei dem Tech-Unternehmen eingestiegen wären und seitdem nicht verkauft hätten, besäßen Sie heute Apple-Aktien für mehr als 18 Millionen US-Dollar.

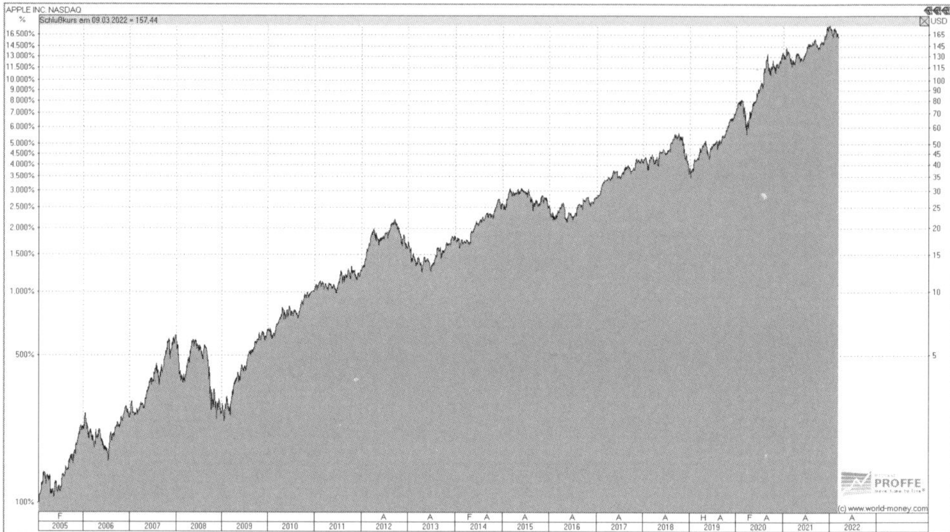

Abb. 19: Trendfolge ist einfach zu erklären: Von links unten nach rechts oben! – Chart der Apple-Aktie im Zeitraum von 2005 bis Anfang 2022

Quelle: www.world-money.com, www.proffeinvest.de

1.3 Die faszinierende Geschichte von Apple – Stoff für eine Streaming-Serie

Am 24. Januar 1984 begann die eigentliche Erfolgsstory von Apple mit der Vorstellung des Macintosh. Die einfache Bedienung war damals revolutionär. Und so sah das Exemplar des wohl bekanntesten Einstiegsrechners aus:

Abb. 20: Der erste Apple Macintosh

Quelle: Audio und werbung/shutterstock.com

Diesen Rechner präsentierte Apple knapp acht Jahre nach der offiziellen Gründung der Firma am 1. April 1976 in Los Altos bei San Francisco. Ob der Startschuss als Aprilscherz gemeint war, ist nicht überliefert. Wie viele Unternehmen zur damaligen Zeit war der »Firmensitz« lediglich eine Garage.

Wie hoch war das Startkapital des späteren Stars? Gerade mal 1750 US-Dollar. 1500 US-Dollar investierte Steve Jobs aus dem Verkauf seines damaligen VW Bulli. Der zweite Gründer Steve Wozniak verkaufte seinen Hewlett-Packard-Taschenrechner, der brachte sage und schreibe 250 US-Dollar ein. Dritter Gründer war Ronald Wayne.

Das Gesicht von Apple wurde Steve Jobs. Viele mit Apple verbundene Menschen, damals und auch heute noch, teilen unisono die Meinung: Steve Jobs war Apple, Apple war Steve Jobs. Nach den Anfangsjahren überwarf sich Jobs mit dem Unternehmen und verließ es zunächst.

Das war der wohl beste Schritt, der Apple passieren konnte – Jahre später kam er mit neuen Ideen und Technologien zurück und rettete das Unternehmen aus einer ersten Krise.

Stets sollten Apple-Geräte für jeden Menschen einfach zu bedienen und dabei maximal transparent sein. Mit dem ersten Rechner nach seinem Comeback revolutionierte Steve Jobs den PC-Markt erneut. Der fast schon legendäre iMac wurde im wahrsten Sinne des Wortes transparent.

Abb. 21: iMac: Der neue 1990er-Style von Apple – und Steve Jobs

Quelle: Photology1971/shutterstock.com

Derselbe Steve Jobs war es Jahre später dann auch, der das iPhone an den Markt brachte. Das Produkt stellte er in einer legendären Produktshow als »3 neue Produkte« vor – was folgte, war ein einziges Gerät, das alle drei neuen Produkte vereinte. Damit begann ein wahrer iPhone-Boom.

Das neue Smartphone vereinte das Musikabspielgerät iPod mit einem Handy, wie es zumindest bei uns in Deutschland hieß, und einem Internet-Zugang.

Steve Jobs ist später oft als Genie bezeichnet worden. Offensichtlich zu Recht, denn der Mann revolutionierte über Jahre den PC-Markt, das Musikerlebnis mit iPods, dann den Smartphone-Markt und später das iPad. 2011 verstarb er leider.

Doch Apple lebt weiter. Die Fangemeinde und einfache Privathaushalte haben dem Unternehmen, das einen Trend nach dem anderen setzt, gigantische Umsätze beschert.

Abb. 22: Steve Jobs begründete einen weiteren Trend – der bis heute anhält: Das iPhone verhalf dem Smartphone zum Durchbruch.

Quelle: marleyPug/shutterstock.com

1.4 Der Umsatz-Wahnsinn nimmt seinen Lauf

Spätestens seit der Jahrtausendwende legte Apple eine ungeahnte Erfolgsstory hin und eilte von Quartalsrekord zu Quartalsrekord. Dies sollte sich mit dem iPhone-Start ab 2007 noch einmal beschleunigen.

Greifen wir einfach einmal ein paar Jahre später in das Speichenrad der Geschichte und halten es an. Inzwischen hatte Apple das iPhone 6 an den Start gebracht. Es war im Kern immer noch dasselbe Gerät – doch die Fans und neuen Kunden kauften die jeweils neuen iPhones inzwischen im Jahrestakt. Am ersten Verkaufswochenende zum Start des iPhone 6 und iPhone 6 Plus wurden sage und schreibe mehr als 10 Millionen Stück verkauft. Dies war eine bis dahin unvorstellbare Zahl.

Einen weiteren Meilenstein setzte Apple im Jahr 2014. Im vierten Quartal setzte das Unternehmen insgesamt sogar 74,5 Millionen iPhones ab. Wissen Sie, was das damals bedeutete? **1 Prozent der gesamten Weltbevölkerung hatte sich im letzten Quartal des Jahres 2014 ein Apple-iPhone gekauft.** So machte Apple aus einem ohnehin schon unglaublichen Trend sogar einen Megatrend!

1.5 Apple ist Kult und umstritten zugleich

Bei seinen Anhängern ist Apple nicht nur ein Trend, sondern absoluter Kult. Diese Einschätzung kann man am besten nachvollziehen, wenn sich vor einem Verkaufsstart wieder einmal eine Hunderte Meter lange Menschenschlange vor einem Apple-Store bildet; und das schon am Abend vor dem eigentlichen Starttag. Da wird der Brand, also das Unternehmen, zum eigentlichen Trend!

Wo Licht ist, ist aber auch Schatten! Der Trend wird natürlich künstlich befeuert. Denn Apple ist andererseits umstritten wegen der strengen Auflagen für seinen App-Store, einem »geschlossenen Ökosystem« oder der schlechten Arbeitsbedingungen etwa beim taiwanischen Auftragsfertiger Foxconn.

1.6 Das Besondere dieses Megatrends – das Ökosystem

Die Kritik mögen Sie teilen oder auch nicht. Sie hat aber einen wahren Kern: Apple hat ein eigenes Ökosystem gebaut, dessen Geheimnis noch nicht ausreichend beschrieben worden ist. Es ist der Kern des Erfolges, der sich in den vergangenen Jahren weiter verstetigte und auch fortan stabilisieren wird.

Das jüngste Ökosystem, das bereits Steve Jobs sich wünschte und das erst nach und nach Wirkung zeigt, ist der Apple-Shop auf dem Smartphone. Der Shop ist technisch betrachtet lediglich eine App. Tatsächlich ist es der Eingang zu einem (über die Jahre betrachtet) Billionenmarkt. Die App wirkt als Shop wie jeder andere, nur eingebettet in das Apple-Betriebssystem iOS. Tatsächlich kontrolliert Apple damit einen großen Teil seines eigenen Marktes. Apple kontrolliert, wer sich und seine Apps im Shop ausstellen darf und wie die Bedingungen dafür aussehen. Apple hat sich auf diese Weise zu einem Gatekeeper mit einer unfassbar großen Reichweite gemacht. Wer den Apple-Shop mit seinen Produkten bestücken möchte, kommt an Apple nicht vorbei.

Als Nutzerin oder Nutzer ist Ihnen dies vielleicht nicht bewusst, aber Apple zeigt in seinem Shop praktisch nur einen kleinen Teil der verfügbaren App-Welt an. Apple diktiert auf dem gesamten Erdball einem immensen Nutzerkreis, welche Apps zur Verfügung stehen dürfen.

Ein Motto aber bleibt: Apple ist uns stets zu Diensten. Das ist ein Megatrend – der sicherlich über lange Jahre erhalten bleibt. Und Apple hat alles unter Kontrolle – damit müssen Fans und Aktionäre leben.

1.7 Und was bringt die Zukunft?

Auch 2022 wird es wieder zahlreiche Highlights geben. Wie immer aber gibt es das Weihnachtsgeschenk für »Fans« und Kunden erst mit der jährlichen Entwicklerkonferenz WWDC. Weihnachten findet für diese Menschen im Juni statt.

Apple könnte bei dieser Gelegenheit auch das heiß ersehnte Headset für Augmented- und Virtual-Reality-Anwendungen vorstellen, welches die erste grundlegende Produktneuheit seit Jahren darstellen würde. Das AR/VR-Headset könnte auch ein großer Schritt in Richtung Metaverse sein. Im September dürfte Apple dann noch das neue iPhone 14 präsentieren.

Das Rad dreht sich weiter. Es will nicht enden – und ich verfolge diesen Megatrend nun seit Jahrzehnten. **Viele Investoren haben mit dieser Aktie wie oben angedeutet viel Geld verdient, sehr viel Geld.** Meine Faszination für dieses Unternehmen, das Trends selbst setzt, verlängert und als Basis für nächste Trends ausbaut, wird Ihnen nicht verborgen geblieben sein.

1.8 Was Sie als Aktionär von einem Megatrend erwarten dürfen

Ein Megatrend also, wie Apple ihn seit Jahrzehnten zeigt, wird sich auch an den Börsen deutlich zeigen. Den Chart auf der Seite 100 haben Sie gesehen, dort werden mehrere starke Trendphasen ersichtlich.

Die einfachste Form, die Vorteile eines solchen Megatrends auszuwerten, sind allerdings sogenannte Renditedreiecke. Sie sehen hier die Kombination eines Einstiegsjahres auf der Längsachse, beispielsweise das Jahr 2005, und eines fiktiven Ausstiegsjahres, beispielsweise 2020 auf der Hochachse.

Jedes Kästchen zeigt an, wie viel Geld Sie bei der Kombination eines beliebig gewählten Einstiegsjahres mit einem beliebig gewählten Ausstiegsjahr im Durchschnitt pro Jahr verdient hätten. Die Kombination des Einstiegsjahres 2005 mit dem Ausstiegsjahr 2020 zeigt also eine Rendite von 30,1 Prozent an, die Sie Jahr für Jahr erzielt hätten.

	2001	2002	2003	2004	2005	2006	2007	2008	2009	2010	2011	2012	2013	2014	2015	2016	2017	2018	2019	2020
2002	-47,2																			
2003	-17,5	29,0																		
2004	23,8	89,6	178,7																	
2005	48,3	109,2	166,5	154,8																
2006	38,7	76,6	96,1	64,5	6,2															
2007	49,2	83,7	100,6	79,8	51,1	114,8														
2008	26,0	45,6	49,2	27,6	1,4	-1,0	-54,4													
2009	36,0	55,6	60,6	43,8	24,6	31,5	2,8	131,7												
2010	39,3	57,3	61,8	47,8	32,5	40,1	21,5	98,1	69,4											
2011	38,1	53,7	57,1	44,7	31,7	37,5	22,9	71,1	47,0	27,5										
2012	36,8	50,4	53,0	41,9	30,6	35,1	23,2	57,9	38,9	25,8	24,0									
2013	33,7	45,5	47,3	37,2	27,0	30,2	19,8	45,3	29,3	18,2	13,8	4,4								
2014	35,7	46,8	48,5	39,4	30,4	33,8	25,0	47,9	35,2	27,8	27,9	29,9	61,6							
2015	33,3	43,2	44,4	36,1	27,8	30,4	22,5	41,1	29,9	23,2	22,2	21,5	31,1	6,4						
2016	31,8	40,6	41,6	33,8	26,2	28,4	21,3	37,0	27,1	21,2	19,9	18,9	24,2	8,9	11,4					
2017	31,6	39,8	40,6	33,4	26,4	28,4	22,0	36,1	27,3	22,2	21,4	20,8	25,3	15,2	19,8	28,8				
2018	29,2	36,6	37,1	30,3	23,8	25,4	19,4	31,4	23,4	18,6	17,4	16,3	18,9	10,1	11,3	11,3	-3,9			
2019	31,9	39,2	39,9	33,6	[illegible]	29,4	24,0	35,8	28,8	24,9	24,6	24,6	28,4	22,6	27,0	32,7	34,7	88,7		
2020	33,7	40,8	41,5	35,[illegible]	30,1	31,9	27,1	38,4	32,1	28,8	29,0	29,6	33,7	29,5	34,7	41,3	45,7	79,3	70,5	
2021	34,2	40,9	41,6	36,1	[illegible]	32,7	28,2	38,8	33,0	30,1	30,4	31,1	34,9	31,4	36,1	41,7	45,1	66,5	56,4	43,5
Ø	28,3	53,9	67,0	48,3	26,8	35,2	16,1	54,7	35,1	24,4	23,0	21,9	32,3	17,7	23,4	31,1	30,4	78,2	63,5	43,5

Abb. 23: Renditedreieck Apple: 2005 gekauft, 2020 verkauft, brachte 30,1 Prozent – Jahr für Jahr

Quelle: boerse.de; eigene Bearbeitung

Fast alle Felder zeigen positive Werte. Das bedeutet, dass Sie bei beliebigen Kombinationen von Kauf- und Verkaufsjahren in nunmehr 20 Jahren **praktisch nur gewinnen konnten.** Der Megatrend der Firma, der Marke und der Aktie von Apple bedeutet, dass Sie – annähernd – blind hätten zugreifen können.

Ein bekannter Börsensatz lautet: »Jeder Tag ist Kauftag«. Das stimmt so leider dennoch nicht ganz, wenn Sie noch immer nicht in der Aktie des Kult-Unternehmens investiert sind.

1.9 Vorsicht vor allzu sorglosen Käufen und Verkäufen

Tatsächlich ist Apple ersichtlich ein Megatrend-Wert. Allerdings empfehle ich trotz der bisher geäußerten Begeisterung nicht, dass Sie einfach nur kaufen und liegen lassen. Am Ende ist eben nicht »Jeder Tag ein Kauftag«.

Sie können als Trendfolger aus einem typischen Megatrend-Kandidaten, wie es Apple ist, einen fast sicheren Mega-Trendfolger machen.

Trends und Trend-Brüche lassen sich wie oben beschrieben nicht nur an den gesellschaftlichen Trends, sondern auch an den Börsen erkennen. Sie können zum Spurensucher werden. Die Treffgenauigkeit liegt niemals bei 100 Prozent, da es Fehlsignale geben wird. Wenn Sie beispielsweise den GD 200 benutzen, der oft als einfaches Trendsignal einen Ein- oder Ausstieg anzeigen soll, werden Sie in aller Regel mindestens 70 Prozent Fehlsignale produzieren. Den GD 200 haben Sie in Kapitel II kennengelernt.

Dort habe ich Ihnen auch beschrieben, dass solche Trendfolge-Signale zwar sehr einfach sind, aber wegen der Fehleranfälligkeit am Ende nicht ganz geeignet, um das große Geld verdienen zu können.

Jedes Fehlsignal kostet Geld – Ein- und Verkaufsgebühren. Mein eigenes Handelssystem beruht daher auf den vier weiteren in Kapitel VII beschriebenen Faktoren:

- MACD,
- Momentum,
- RSI,
- WPR.

In Kapitel VII beschreibe ich, wie Sie es schaffen, diese Indikatoren in einem Handelssystem zu vereinen. Je mehr Signale eine bestimmte Richtung anzeigen, desto sicherer ist das Ergebnis des Gesamtsystems.

In diesem Bild sehen Sie im oberen Bereich den Chartverlauf der Apple-Aktie. Darunter sind die Indikatoren zu sehen: MACD, Momentum, RSI und WPR. Ich weiß, viele Anleger sind beim ersten Anblick sehr verwirrt über das Gesamtbild. Wenn Sie aber Kapitel VII lesen, verstehen Sie sofort, was gemeint ist. Sie sehen bereits anhand dieses Charts, dass die Kombination der Trend-Indikatoren ein sicheres Abbild des Kursverlaufs wiedergegeben hat. **Es gab im Chartbild insgesamt immer wieder kleinere Brüche, die von den Indikatoren auch angezeigt worden sind, jedoch in aller Regel keine Kombination, die einen Verkauf zwingend erforderlich gemacht hätten** – insofern lieferte das Gesamtsystem kein

Ausstiegssignal, das Sie daran gehindert hätte, innerhalb der vergangenen zehn Jahre aus 1000 US-Dollar 15 284 US-Dollar zu machen.

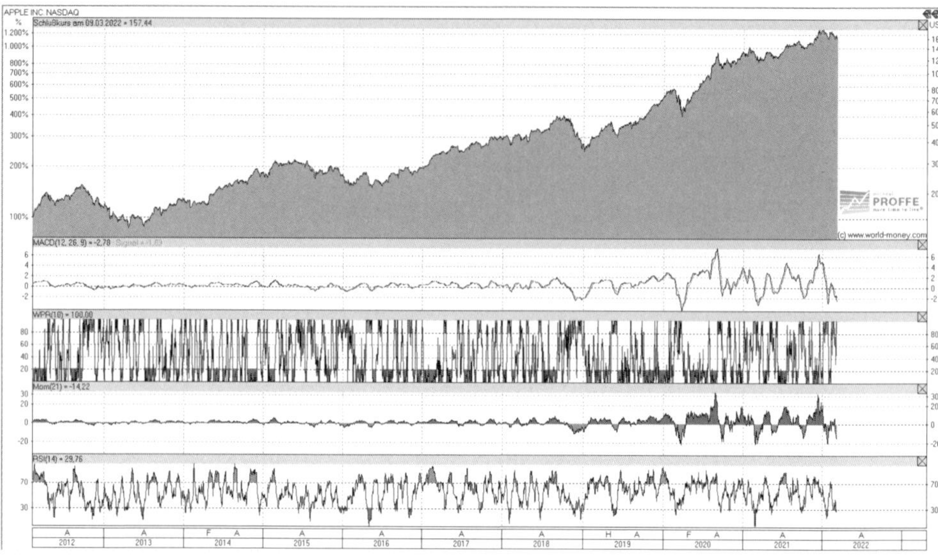

Abb. 24: Im Fall von Apple zeigte sich nun langfristig folgendes Bild

Quelle: www.world-money.com, www.proffeinvest.de

2 Eine weitere besondere Trendfolge-Aktie: Alphabet

2.1 Herrscher über das Internet? Nicht nur!

Was machen Sie, wenn Sie im Internet etwas suchen oder finden wollen? Richtig, Sie »googeln« nach der Antwort. Und wenn sich ein Begriff wie »googeln« weltweit durchgesetzt hat, ist das der absolute Inbegriff eines Trends, man kann schon von einer einzigartigen Machtdominanz sprechen. Es gibt auch andere Suchmaschinen, sowohl in den westlichen Ländern wie auch in China oder anderen verorteten Regionen. Nur: Ich wette, dass inzwischen weltweit gegoogelt wird.

Google allerdings stellt Ihnen nicht nur eine Suche zur Verfügung, es registriert selbstverständlich, was Sie wann suchen, wo Sie sich gerade befinden und auf welche Anzeigeform oder Online-Information Sie reagiert haben. Was läge näher, als daraus diverse Dienste zu entwickeln und auch Werbeflächen zu verkaufen? Genau das macht Google. Sie bieten dem Unternehmen das Wissen darüber an, was Sie bei welcher Gelegenheit gerade benötigen, vielleicht auch, wie viel Sie dafür ausgeben wollen, welche Uhrzeiten Sie für das Fitnesstraining präferieren und so weiter – und Google sammelt ganz kostenfrei das Wissen, um es zu verwerten. Wir als Nutzer sperren uns noch nicht einmal dagegen – ein Win-win-Geschäft.

Dieses Megatrend-Unternehmen, das unsere Welt gestaltet, verdient es also, beleuchtet zu werden.

2.2 Wussten Sie das über Google?

Zwei Studenten lernten sich an der berühmten Stanford University kennen. Was die beiden dann aber entwickelten und schufen, raubt einem aus heutiger Sicht fast den Atem. Wir schreiben das Jahr 1995, als die Geschichte von Google beginnt. Sie ist noch nicht einmal 30 Jahre alt.

Larry Page und Sergey Brin wollten in ihrer Studenten-Freizeit eine Suchmaschine entwickeln, die mithilfe von Links die Wichtigkeit einzelner Webseiten im World Wide Web ermitteln sollte. Sie nannten ihr Konzept ganz unscheinbar »BackRub«. Weil die beiden aber den tollkühnen Plan hatten, alle Informationen der Welt, sprich: alle Websites, zu erfassen und für alle jederzeit zugänglich und nutzbar zu machen, suchten sie nach einem neuen Namen, der ihre Idee besser repräsentierte.

Sie fanden die Zahl Googol – dieser Name basiert auf einem Wortspiel mit der mathematischen Bezeichnung für die Ziffer 1 mit 100 Nullen. Von dem Begriff Googol waren Page und Brin schnell begeistert. Der Name war gefunden.

Schnell entschieden sie sich, ihre neuartige Suchmaschine von den Uni-Servern, auf denen diese noch gelagert war, zu entfernen und registrierten ihre eigene Domain.

2.3 Dumm gelaufen – ohne Auswirkungen

Larry Page und Sergey Brin unterlief allerdings ein folgenschwerer Fehler. Die beiden waren zwar schlaue Köpfe, haben die Zahl Googol aber stets falsch ausgesprochen. Und so wurde am 15. September 1997 die Domain google.com registriert und nicht die vorgesehene googol.com.

Abb. 25: Erinnern Sie sich noch? So sah die erste Google-Suchmaske aus.

Quelle: dennizn/shutterstock.com

Die beiden Studenten optimierten ihre Suchmaschine unaufhaltsam; erste Professoren der Universität wurden auf die beiden aufmerksam. Da sich die Universität aber auch in unmittelbarer Nähe des Silicon Valleys in Kalifornien befindet, gerieten Page und Brin auch in den Fokus dort ansässiger Investoren.

2.4 100 000 Startkapital für Google Inc.

Relativ schnell kamen die beiden Suchmaschinen-Bastler mit Sun-Gründer Andreas von Bechtolsheim ins Gespräch. Dieser war von der Idee so begeistert, dass er schon nach wenigen Minuten einen Scheck über 100 000 US-Dollar auf die Google Inc. ausstellte – die allerdings zum damaligen Zeitpunkt noch gar nicht existierte.

Um den Scheck einlösen zu können, benannten die beiden Studenten ihr Unternehmen flugs nach dem Projektnamen – und so wurde die Google Inc. am 4. September 1998 offiziell gegründet. Vor weniger als 25 Jahren gründete sich ein Unternehmen, das heute weite Teile unseres Lebens beherrscht.

2.5 Rasante Verbreitung ab 1998

Ich erinnere mich sehr gut daran, dass sich die Suchmaschine damals innerhalb weniger Monate sehr schnell verbreitet hat und die Menschen sich praktisch gegenseitig infizierten. Es gab zwar Alternativen im akademischen Bereich, die allerdings wirkten weniger sexy. In Deutschland kennen Sie möglicherweise noch die weiterhin existierende MetaGer-Suchmaschine.

Für viele Internetnutzer entwickelte sich die Webseite sehr schnell vom Geheimtipp zur Standard-Suchmaschine und damit zu einem weltbeherrschenden Unternehmen. MetaGer dürfte heute praktisch nur noch im akademischen Umfeld in Deutschland bekannt sein. **Was eigentlich macht den Unterschied zwischen einem solchen Megatrend-Unternehmen und einer akademischen Anwendung aus?**

2.6 Das Geheimnis der Suchmaschine Google

Google lieferte relevante Suchergebnisse in weniger als einer Sekunde! Das war wohl der Quantensprung zu den anderen Suchmaschinen, die es zu der Zeit gab. Wer damals bei Yahoo!, Lycos, Altavista & Co. suchte, musste statt der Eingabe und der fast unmittelbaren Ergebnispräsentation erst einmal die Suchleiste in dem jeweiligen Portal finden, dann lange warten und irgendwo zwischen der Werbung eine Reihe von Ergebnissen selbst auswerten. Wenige Sekunden Unterschied in der Anwendung sollten offenbar einen immensen Unterschied machen.

Ich bin mir allerdings sicher, dass dies lediglich einer der Impulse war. Tatsächlich wurde Google von Anfang an höchst professionell vermarktet und auch bewundert. Die Suchmaschine schaffte es permanent in alle gängigen PC-Magazine und kam rasch an prominente Orte in den gängigen Browsern. Es gibt sogar Gerüchte, die US-Geheimdienste hätten sich recht schnell an das Unternehmen gehängt, weil es die vielleicht effektivste Form der Datensammlung schlechthin darstellt. Das würde auch erklären, warum die Suchmaschine so rasant den Siegeszug um die Welt antreten konnte – beweisen lässt sich das jedoch nicht.

Google wurde immer größer und mächtiger. Das Unternehmen entwickelte zahlreiche nützliche, oft auch gängige Applikationen rund um die Suchmaschine. Wenn Sie möchten, können Sie heute über »Google Maps« nicht nur Wegrouten ausrechnen lassen, sondern sich auf Ihrem Weg zum Ziel gleich nachverfolgen, also tracken lassen. Fotos, die Sie vor Ort schießen, speichern Sie in der Cloud, die auf Wunsch ganze Fotosequenzen oder Filmchen daraus zusammenbaut.

Ihre Erinnerungen versenden Sie dann per Gmail als Datei an Ihre Wunschadresse, während Sie mit dem betreffenden Menschen vielleicht über die Cloud auch noch Textdateien teilen – und so fort. Sie wickeln praktisch bedeutende Teile Ihres Lebens ab, immer mit direkter Meldung zu Google. Das Geschäft wurde sozusagen nach und nach in Form gebracht. Es entstand: Alphabet.

2.7 2015 wird aus der Suchmaschine ein Internet-Gigant

Sicherlich wissen viele von Ihnen, dass das Unternehmen Google 2015 in Alphabet umbenannt wurde. Was viele Anleger aber nicht wissen, ist, wie groß sich das Unternehmensnetzwerk aufspannt, das ich gerade beschrieben habe. Das Netzwerk umfasst die mit der Suchmaschine verbundenen Dienste und weitere Unternehmensbeteiligungen. Damit Sie einen Überblick bekommen, was aus einer Suchmaschine werden kann, stelle ich Ihnen Alphabet gerne vor:

Bei Alphabet dreht sich (fast) alles um das Suchmaschinengeschäft und um Werbung. Google ist mit über 90 Prozent Weltmarktanteil dominierende Suchmaschine und hat es sogar in den alltäglichen Sprachgebrauch geschafft: *to google* oder auf Deutsch »googeln«. Größter Herausforderer ist Microsoft mit seiner Suchmaschine Bing, die es auf 2,3 Prozent bringt. Dahinter folgt Yahoo! mit etwas mehr als 1,5 Prozent, doch das frühere Internet- und Suchmaschinenschwergewicht Alphabet greift schon seit Jahren im Hintergrund auf Googles Suchalgorithmen zurück. Damit liegt der Weltmarktanteil von Google/Alphabet faktisch bei mehr als 94 Prozent. **Wenn dies kein Monopol ist …**

2.8 Google: Die Cashcow von Alphabet

Seit 2015 ist Google in die beiden Segmente Google Services und Google Cloud aufgeteilt. Zu Googles Services gehören neben der Suchmaschine Android (Betriebssystem) auch Chrome (Webbrowser), Gmail (E-Mail-Dienst), Google Drive (Cloud-Speicher), Google Maps (Online-Kartendienst), Google Play (App Store) und YouTube (Video-Plattform). Die Menschen sehen sich dort nicht nur Filmchen von Dritten an, sondern teilen ihr Leben durch bewegte Bilder auch mit anderen. Google/Alphabet ist immer dabei.

Die Haupteinnahmequellen für dieses Segment sind leistungsbasierte Werbung (Performing Advertising) und Markenwerbung von Werbeanzeigen (Brand Advertising), mit denen Alphabet Werbetreibenden hilft, die Markenbekanntheit durch Videos und andere Arten von Werbung auf allen Geräten aufzubauen. Diese Sparte des Konzerns ist die große »Cashcow« von Alphabet.

Der größte Wachstumstreiber für Alphabet ist bezogen auf den Umsatz der Bereich Google Cloud. Hierzu gehören die Google Cloud Platform (GCP). GCP nennen Techfreaks auch eine – Achtung – IaaS- und PaaS-Lösung. Was das bedeutet? PaaS heißt Platform as a Service, hier liegt der Fokus auf der Vermietung von Recheninfrastruktur. IaaS hingegen bedeutet Infrastructure as a Service. In diesem Bereich geht es um Dienstleistungen wie zum Beispiel Entwicklungsumgebungen. Google Workspace (ehemals G Suite) rundet diesen Bereich ab.

2.9 Was sind »Other Bets«?

Alle anderen Bereiche sind unter dem – eher ungewöhnlichen Namen – »Other Bets«, also die »anderen Wetten«, zusammengefasst. Seit Sundar Pichai CEO von Alphabet ist, hat sich hier ein Wandel vollzogen. Der ehemalige Chef von Google hat eine konkrete Vorstellung, wie sich Alphabet gestalten soll. Die Unternehmen müssen eine Perspektive aufweisen, was bedeutet, dass die Bereiche entsprechende Ergebnisse vorlegen müssen, entweder technologisch oder finanziell, am besten natürlich beides.

Zuvor waren die »Other Bets« interessante, aber auch sehr kostspielige Experimente, die von den sonstigen Bereichen finanziell aufgefangen werden mussten. Deshalb wurden in den letzten Monaten einige dieser Other Bets aussortiert und beendet. Alphabet insgesamt wird also rentabler.

Pichais Ziel ist es, diese weiterbetriebenen Bereiche mittelfristig enger mit Google und deren Aktivitäten zu verknüpfen und so ebenfalls zu »Cash-Maschinen« zu entwickeln. Zu diesen Aktivitäten gehören zum Beispiel Waymo, das wohl führende Unternehmen im Bereich des autonomen Fahrens, oder »Deep Mind« (künstliche Intelligenz) und CapitalG (Wachstumskapital).

Eine weitere Alphabet-Tochter heißt Access, von Google Fiber, sie bietet über Glasfaserkabel Hochgeschwindigkeits-Breitbandzugang zu neuen Städten an. Inzwischen gibt es Access in mehr als zwölf Ballungsräumen in den USA und seinen drahtlosen Webpass-Dienst in weiteren acht US-Metropolen.

Das Thema Sicherheit wird im Alphabet-Universum mit Nest bedient. Nest stellt eine Reihe von Smart-Home-Geräten her, mit denen das Haus zu einer vernetzten Einheit und sicherer werden soll. Zum Produktportfolio gehören: Outdoor-Überwachungskameras (Nest Cam IQ) sowie Alarmsysteme, Thermostate, Video-Türklingeln.

Im Megatrend Gesundheit spielt Verily eine wichtige Rolle. Verily entwickelt Tools zum Sammeln und Organisieren von gesundheitsspezifischen Daten, um diese für ein ganzheitliches Pflege-Management-System zu nutzen.

Eines der neuesten »Experimente« aus den Google X Labors heißt Intrinsic. Intrinsic ist eine Softwarefirma, die eine neue Generation von Industrierobotern zum Leben erwecken soll. Durch die einfache Programmierung ist die Software viel flexibler in der Anwendung und nicht so teuer als die heute üblichen Modelle.

2.10 Genau wie bei Apple: Google hat sein eigenes Ökosystem

Haben Sie den roten Faden erkannt, der sich durch alle eben genannten Unternehmen zieht? **Es sind die Daten!** Denn durch die Vernetzung der Daten und Datenströme miteinander kann Alphabet den Kunden und Benutzern Lebensqualität verkaufen; aber auch bestimmen, welche Produkte Ihnen überhaupt angeboten werden. Ein Beispiel dazu: Im Segment Smart Home möchte Nest ein vernetztes Heim schaffen, um eine Kommunikation, also Interaktion, von Mensch und Geräten zu ermöglichen und, wo bereits vorhanden, zu verbessern, allerdings jeweils auf den Plattformen und Wegen von Alphabet.

Da bietet sich die Sprachsteuerung ohne Frage am besten an, und die ist bei Alphabet mit seinem Google-Home-System schon vorhanden. Wie Apple, zuvor beschrieben in Kapitel IV, möchte auch Google hier sein eigenes Ökosystem schaffen.

Sie sehen, dass es um einen neuen Megatrend geht – die Künstliche Intelligenz. Wenn Alphabet genügend Daten von Ihnen sammelt, kann es zahlreiche Funktionen – im Haus zum Beispiel – einfach selbst übernehmen. Der Kühlschrank wird automatisch befüllt, Energielieferanten sorgen für ein stets kuscheliges Heim und bestens versorgte Elektro-Geräte und Ihr Smart-TV wird sicherlich ein ausgesuchtes Programm an (zu bezahlenden) Unterhaltungsvorschlägen parat haben. Wer letztlich die Waren und Dienstleistungen bei Ihnen anbietet, wird sich allerdings vorher einen Platz auf der Bestellliste von Alphabet ergattern müssen.

Um diesen Platz in Ihrem Leben streitet sich Alphabet derzeit noch mit anderen großen Trend-Unternehmen, so zum Beispiel Microsoft, Apple und Amazon.

2.11 Globale Dominanz mit einer Herausforderung

Das einzige Risiko für Unternehmen wie Alphabet sind die zahlreichen Kartell- und Wettbewerbsverfahren. Hier gehen amerikanische und europäische Wettbewerbshüter durchaus aggressiv vor. Ob, und wenn, inwieweit, dies tatsächlich zum Problem wird, muss sich zeigen. Eventuell spielen die Wettbewerbshüter derzeit lediglich ihre Macht und Präsenz aus. Bis dato wurden dergleichen Konzerninteressen noch regelmäßig durchgesetzt. So konnte Alphabet seine Strafen bisher aus der berühmten Portokasse zahlen und musste sein Geschäftskonzept nicht relevant einschränken oder gar ändern.

In den letzten zehn Jahren war die Alphabet-Aktie ein durch und durch erfolgreiches Investment für Anleger. Und es sieht im Moment danach aus, als ob das auch in Zukunft so bleiben wird. Bemerken Sie etwas? Ja, auch dieser Chart (Seite 117) ähnelt dem von Apple.

Das ist kein Zufall – dies sind meine Lieblinge und Top-Favoriten. Sie sehen auch in diesem Chart, dass die Kombinationen der Trend-Indikatoren ein sicheres Abbild des Kursverlaufs wiedergegeben haben. Zwar gab es immer wieder kleinere Brüche, wie bei Apple auch, die sogar von den Indikatoren angezeigt worden sind, jedoch ergab sich in der Regel keine Kombination, die einen Verkauf zwingend erforderlich gemacht hätte – insofern lieferte das Gesamtsystem auch hier kein Ausstiegssignal.

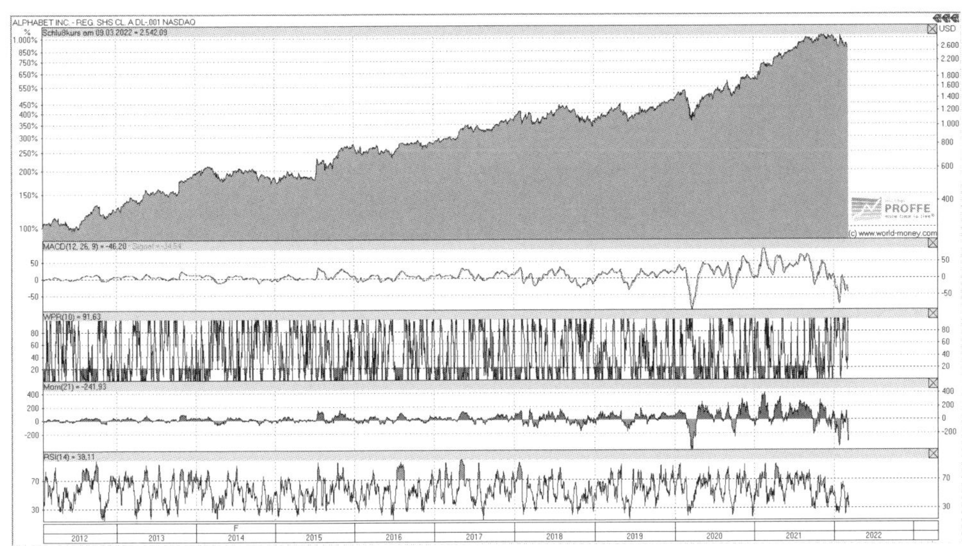

Abb. 26: Und so hat sich Alphabet in den letzten zehn Jahren an der Börse entwickelt.

Quelle: www.world-money.com, www.proffeinvest.de

	2004	2005	2006	2007	2008	2009	2010	2011	2012	2013	2014	2015	2016	2017	2018	2019	2020
2005	150,6																
2006	57,3	-1,3															
2007	50,5	16,6	37,7														
2008	11,0	-15,4	-21,7	-55,5													
2009	24,9	4,9	7,1	-5,5	100,5												
2010	21,5	5,2	6,8	-1,8	45,8	6,0											
2011	19,6	5,8	7,2	0,7	32,2	7,4	8,8										
2012	18,0	6,0	7,3	2,1	25,6	7,5	8,2	7,6									
2013	21,4	10,9	12,8	9,1	30,5	17,2	21,2	27,9	52,2								
2014	20,0	10,6	12,2	9,0	26,5	15,4	17,8	21,0	28,4	8,3							
2015	23,6	15,1	17,1	14,8	31,4	22,5	26,1	30,8	39,6	33,7	65,2						
2016	21,9	14,2	15,8	13,6	27,8	19,8	22,3	25,2	30,0	23,4	31,7	4,9					
2017	21,4	14,3	15,8	13,8	26,4	19,3	21,3	23,5	27,0	21,4	26,1	10,2	15,7				
2018	20,1	13,5	14,9	13,0	24,0	17,6	19,1	20,7	23,0	17,9	20,4	8,3	10,1	4,8			
2019	20,8	14,7	16,0	14,4	24,6	18,9	20,4	21,9	24,1	19,9	22,4	13,6	16,6	17,1	30,9		
2020	20,7	15,0	16,2	14,7	24,1	18,8	20,2	21,5	[illegible]	19,8	21,8	14,6	17,1	17,6	24,6	18,7	
2021	23,6	18,3	19,7	18,5	27,8	23,1	24,7	26,5	28,8	26,1	28,9	23,6	27,8	31,0	41,1	46,5	80,8
Ø	32,2	9,3	12,3	4,3	34,4	16,1	19,1	22,7	[illegible]	21,3	30,9	12,5	17,5	17,6	32,2	32,6	80,8

Abb. 27: Renditedreieck

Quelle: www.boerse.de; eigene Bearbeitung

Sie sehen auch in diesem Renditedreieck, ähnlich wie zuvor bei der Apple-Aktie, fast durchgehend positive Werte Das bedeutet, dass Sie bei beliebigen Kombinationen von Kauf- und Verkaufsjahren in zehn Jahren praktisch nicht daneben liegen konnten. Konkret hätten Sie bei einem Einstieg im Jahr 2012 und einem Ausstieg im Jahr 2021 eine durchschnittliche Rendite pro Jahr von 28,8 Prozent erzielt.

Dies ist ein Megatrend, der sich demnach nicht nur in Sachen Rendite für Sie bezahlt macht, sondern auch in Bezug auf die Sicherheit. Die Aktie war zu Beginn des Krieges in der Ukraine kurzzeitig etwas schwächer – Trendfolger sollten sich jedoch an solchen Entwicklungen niemals stören.

Fallende Kurse sind in starken Trendphasen auf keinen Fall automatisch ein negatives Signal.

Megatrend-Unternehmen bleiben unabhängig von den jeweiligen kurz- oder sogar mittelfristigen Rahmenbedingungen in aller Regel im Trend – daher sollten Sie investiert bleiben.

3 Wie verhalten sich Trendfolge-Stars in Krisen?

Ich habe die Arbeit an diesem Buch Anfang 2022 aufgenommen. Und da passt das Thema Krise/n leider hervorragend. Zum einen haben wir seit knapp zwei Jahren die Corona-Pandemie.

Zum anderen wachsen die Sorgen an der Börse, dass nach jahrelangem »billigem« Geld von den Noten- und Zentralbanken (FED und EZB) nun Zinserhöhungen anstehen. Und als wenn das alles nicht schon genug Herausforderungen wären, kommt der Krieg in der Ukraine nun hinzu, ohne dies im Detail bewerten zu können. Niemand weiß, wie sich die Dinge in Zukunft entwickeln. Sicher aber ist, dass es derzeit mehr Probleme, Herausforderungen, Krisenszenarien und folglich Sorgen gibt, als wir uns alle noch vor einiger Zeit hätten vorstellen können.

Gerade in diesen Zeiten ist es interessant, sich das Verhalten der Trend-Unternehmen anzusehen.

Anhand von vier Beispielen zeige ich Ihnen eindrucksvoll, dass sich Trend-Unternehmen, nennen wir sie besser Megatrend-Unternehmen, davon kaum beeinflussen lassen.

3.1 Lagebericht der Börse für das Jahr 2022

Wir hatten im Jahr 2021 einen massiven Geldüberfluss im Markt, der die Kurse getrieben hat. In einer solchen Phase steigen praktisch alle Kurse, wie Sie überall lesen konnten. Anders gesagt: Jeder Zufallstreffer noch so schlechter Aktien sieht dann aus wie ein systematischer Gewinn.

Dann wurde im Januar 2022 an der Börse quasi die »Luft rausgelassen«. Die Kurse fielen übergreifend, und teilweise massiv vor allem im Technologie-Sektor. Das Geld wurde sozusagen vom Tisch genommen. Nun schaut man wieder genauer hin, welche Unternehmen an den

Märkten Geld verdienen, welche ein wirklich starkes und nachhaltiges Geschäftsmodell haben, das zumindest 2022/2023 überzeugen kann.

Es ist eine Phase, die besonders Warren Buffett freuen dürfte, den Value-König – und Investoren, die auf Mega-Trends setzen. Sie erinnern sich: Ich habe davon gesprochen, dass es nicht reicht, einzelne positive Trend-Signale am Markt zu erhalten. Langfristig suche ich Trend-Unternehmen, die selbst gesellschaftliche Trends erkennen und erzeugen. Diese Unternehmen sind auch in Phasen, wie wir sie aktuell erleben, stabil. Im Grunde sind dies Value-Trend-Unternehmen. Für Trendfolger, die das Trendfolgen nicht mit kurzfristigem Trading verwechseln, könnten goldene Zeiten anbrechen.

3.2 Warum fallende Kurse an der Börse für Trendfolger gut sind

Ich begleite diese Megatrends und schaue genau hin. Und ich unterscheide zwischen langfristiger Trendbegleitung und kurzfristigem Trading auf Basis quartalsmäßiger Finanzberichte. Diese Strategie ermöglicht mir erfahrungsgemäß langfristig beste Chancen. Gibt ein solches Unternehmen schwächere Zahlen heraus, bedingt durch die Auswirkungen der Corona-Pandemie und der wirtschaftlichen Maßnahmen beispielsweise, kann es zu einem Kurseinbruch kommen.

Hier kann die kurzfristige Schwäche für einen günstigen Einstiegszeitpunkt genutzt werden. Dies wäre demnach eine optimale Gelegenheit, um zu kaufen, dies sage ich als Trendfolger. Es ist also für mich, als Trendfolger, die allerschönste Zeit zu investieren, weil in den vergangenen Wochen auch die Megatrend-Aktien Kursverluste hinnehmen mussten und somit günstiger sind, ohne den großen Trend aus den Augen zu verlieren.

Die Chance, in zwei bis drei Jahren lachend auf den heutigen Tag zurückzublicken, ist immens. Es ist – bei allem gesellschaftlichen Ärger und den Sorgen über die jüngsten Ereignisse – wirtschaftlich betrachtet ein Geschenk!

3.3 Beispiel 1: Visa

Visa ist seit Jahrzehnten ein typischer Megatrend. Das Unternehmen wächst und wächst, denn ohne Kreditkarten geht auf dieser Welt (fast) nichts mehr. Wir haben während der Corona-Krise gesehen, wie wichtig Kreditkarten sind. Selbst für uns Deutsche, trotz unserer Skepsis für diese Karten und unserer Liebe für Bargeld, so die jüngste Erhebung »Zahlungsverhalten in Deutschland« der Bundesbank aus dem Jahr 2020, die Anfang 2021 veröffentlicht wurde.

Natürlich war die Pandemie für Visa eine schwierige Zeit, es brachen Umsätze, hauptsächlich aus dem Tourismusbereich, weg, das aber konnte Visa relativ gut durch den Onlinehandel kompensieren.

Nun aber haben wir die Aussicht, dass ab 2022 Corona an Bedeutung verlieren wird und Normalität wieder Einzug erhält in unser tägliches Leben. Für Visa heißt das, dass die Einnahmen wieder kräftiger sprudeln werden. Hinzu kommen nun die Umsätze aus dem Onlinehandel, die quasi einen Mehrwert darstellen. Das heißt, die Aktie kann im Grunde wieder richtig durchstarten.

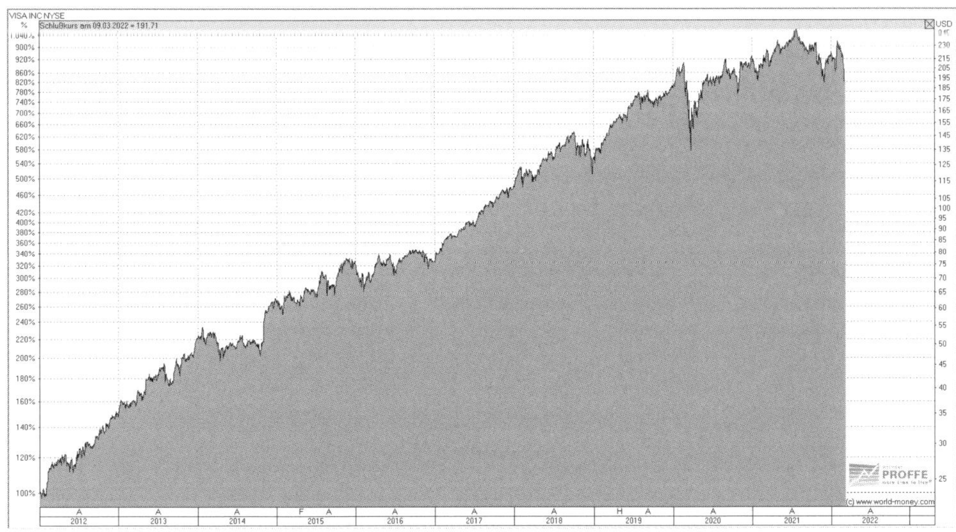

Abb. 28: Die Visa-Aktie hat sich bereits in den Tagen und Wochen am Beginn des Jahres 2022 erholt und Sie können anhand des Charts den wunderbaren Verlauf der letzten neun Jahre sehen!

Quelle: www.world-money.com, www.proffeinvest.de

Übrigens war der Trend der Aktie langfristig gesehen niemals gebrochen und die Wachstumsaussichten des Unternehmens sind weiterhin sehr stark. Daher wird die Visa-Aktie, meiner Einschätzung nach, 2022 ein sehr starkes Jahr erleben.

Hier ist zumindest aus technischer Sicht mächtiges Kurspotenzial sichtbar. Es kann bis zu 35 Prozent, vielleicht auch 50 Prozent reichen. Das heißt, wer jetzt einsteigt, sucht sich im jahrelangen Megatrend den besten Zeitpunkt aus. Übrigens sehen Sie auch hier die schnelle Erholung, innerhalb der Corona-Krise, Anfang 2020. Daran können Sie sehen, dass gesunde Unternehmen im Megatrend Kurseinbrüche wegstecken.

3.4 Beispiel 2: Starbucks

Ein wenig provokativ könnte man sagen, dass es im Grunde vollkommen gleich ist, welche Krisen die Welt gerade erlebt. Kaffee wird seit Jahrhunderten getrunken. Manchen gilt Kaffee sogar als Durchbruch der Zivilisation. Dabei wollen Analysten festgestellt haben, dass in Krisenzeiten mehr Kaffee getrunken wird.

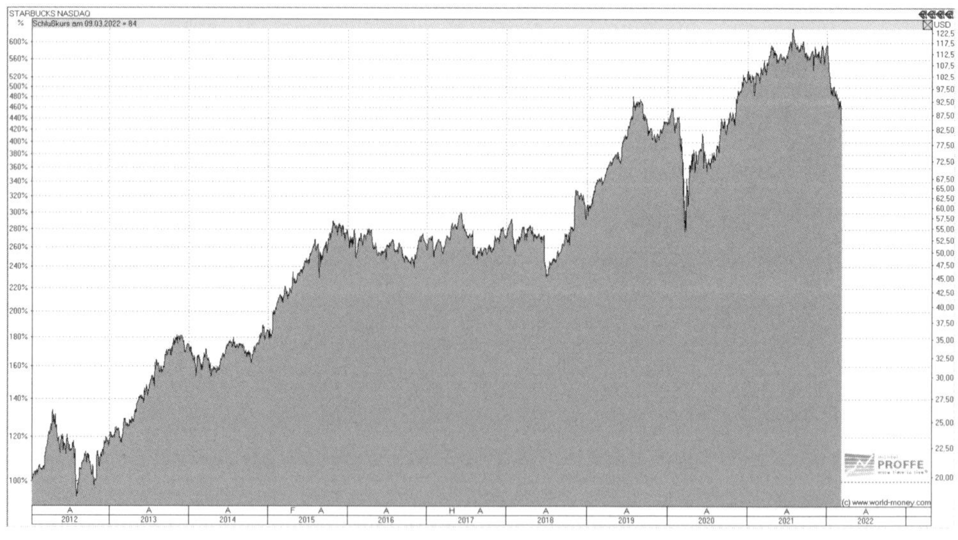

Abb. 29: Starbucks: Der Megatrend mit einem kleinen Knick – eine Dauer-Chance

Quelle: www.world-money.com, www.proffeinvest.de

Nach dem hoffentlich nahenden Ende der Corona-Krise wird ein Unternehmen wie Starbucks noch mehr von der Öffnung profitieren, weil sich die Menschen wieder treffen wollen – auch auf einen Kaffee. Und wo könnte man das besser als in den Starbucks-Filialen auf der ganzen Welt! Und nicht zufällig sitzen diese Filialen immer dort, wo Hot Spots sind – in Zentren, an Bahnhöfen und in Flughäfen. Das Unternehmen wird wesentlich mehr Umsätze generieren als zu der ohnehin schon starken Zeit während der Pandemie.

In diesem Chart (Seite 122) sehen Sie die Entwicklung und Kursverluste der Starbucks-Aktie, auch in der Corona-Krise. Ähnliche Verläufe zeigen die Kurse fast aller Aktien weltweit. Was aber gerade eine Megatrend-Aktie in Krisenzeiten kennzeichnet, verdeutlicht der Chart ebenso eindrucksvoll. Korrekturphasen wie die im März/April 2020 sind »gefundene Fressen«, an denen ich mich gern beteilige und in denen ich weitere Käufe tätige. Mit Freude. An diesem weiteren Beispiel sehen Sie als Anleger, wo Sie an der Börse Geld verdienen können! Exakt und fast ausnahmslos mit solchen Megatrend-Aktien.

3.5 Beispiel 3: McDonald's

Jeder kennt McDonald's. Und auch während der Corona-Krise in den Jahren 2020/2021 sind die Leute weiterhin zu McDonald's gefahren und haben sich ihr Essen im »Drive in« bestellt. Der Umsatzeinbruch, den die sonstige Gastronomie weltweit erlebte, fiel hier lediglich moderat aus. Dies zeigt sich auch in der Aktie von McDonald's.

In dem Chart sehen Sie sehr schön, wie rasant diese Entwicklung vor sich ging; der Kurs korrigierte recht heftig, um dann sofort wieder den langfristigen Aufwärtstrend aufzunehmen. TOP! Kleiner Scherz am Rande: Sollten Sie während der Kursverluste im März/April 2020 vergessen haben, auf den Verkaufsbutton zu drücken – freuen Sie sich! Denn die Aktie kam nur kurze Zeit später wieder fulminant zurück. Merken Sie sich bitte diesen Chart, denn auch in 2022, 2023 und 2024 gehe ich davon aus, dass sich der Aufwärtstrend fortsetzt – und zwar unabhängig davon, wie die einzelnen Krisen sich entwickeln. Sie können dabei sein.

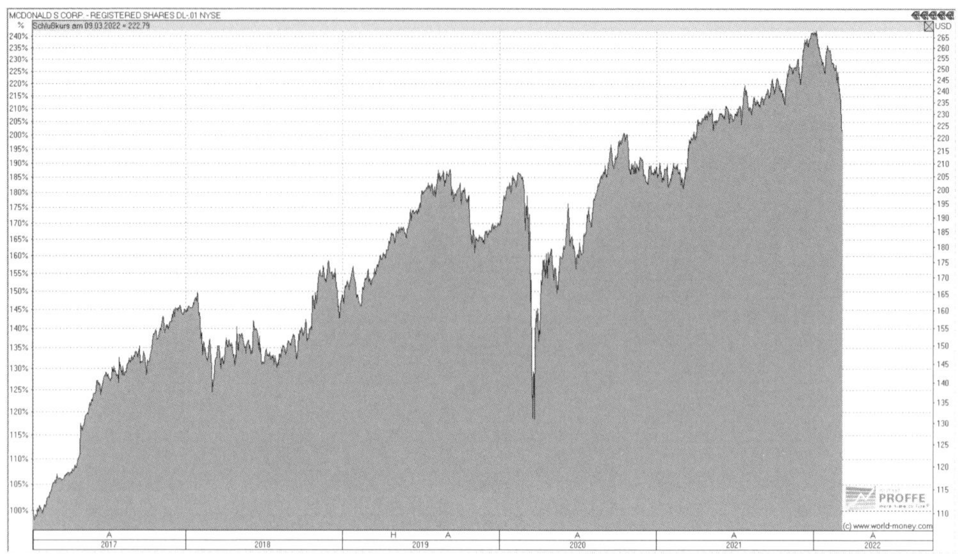

Abb. 30: Megatrend-Unternehmen McDonald's

Quelle: www.world-money.com, www.proffeinvest.de

3.6 Beispiel 4: Procter & Gamble (P&G)

Diese Aktie ist in den letzten drei Jahrzehnten immer von links unten nach rechts oben gestiegen. Man konnte und kann also damit (fast) nichts falsch machen. Und da ich Ihnen Chartverläufe in Krisenzeiten präsentieren möchte, habe ich hier (Seite125) den 3-Jahres-Chart für Sie:

Generell ist Procter & Gamble ein Konsumgüterkonzern, dessen Produkte Sie wahrscheinlich ständig im Alltag zu Hause benutzen. Ob Sie sich morgens die Zähne mit Colgate putzen oder für Ihre Kinder Pampers-Windeln brauchen. Ich wette mit Ihnen: Sie finden mindestens drei Produkte aus deren Palette, die Sie bei jedem Supermarktbesuch kaufen.

Aber auch diese Aktie reagierte auf die Corona-Krise, schauen Sie im Chart auf Anfang März/April 2020. Megatrends sind von solchen kurzfristigen Ereignissen langfristig gesehen praktisch nicht betroffen. Im Zuge der Börsenpanik fiel die Aktie selbstverständlich beträchtlich, wie alle anderen Aktien auch, sie erholte sich aber ebenso schnell und konnte schon nach relativ kurzer Zeit wieder Kursgewinne erzielen und den langfristigen Trend einfach fortsetzen. Die Aktie hat in den letzten drei Jahren knapp 80 Prozent zugelegt, und das trotz Corona-Krise. Der Titel gilt als klassischer Langeweiler. Trader winken müde ab. Schön für Sie: Denn solche Aktien liefern im Dauer-Trend konstant eine gute Performance ab. Zusätzlich erhöht Procter & Gamble seit über 55 Jahren Jahr für Jahr seine Dividende. Die kassieren Sie noch nebenher.

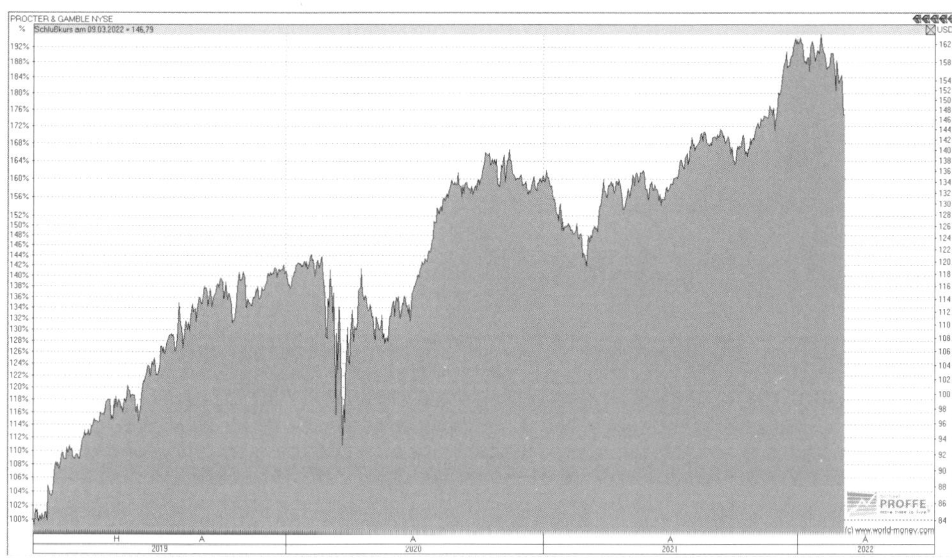

Abb. 31: Megatrend-Unternehmen Procter & Gamble

Quelle: www.world-money.com, www.proffeinvest.de

4 Megatrends bis 2030

Dass die richtige Aktienauswahl definitiv erfolgsentscheidend ist, hat nicht nur die Börsenikone Warren Buffett immer wieder auf eindrucksvollste Art und Weise bewiesen. Megatrends wie neue Innovationen, fortschrittliche Technologien, aber auch mediale Hype- Themen wie Umwelt und Nachhaltigkeit beeinflussen die Gesellschaft langfristig. Neben den tagesaktuellen oder sehr kurzfristigen Hypes findet tatsächlich permanent ein Wandel statt, der vielleicht nicht immer in der ersten Reihe wahrgenommen wird, aber auch an den Börsen Megatrends setzt.

Ich stelle Ihnen hier gern drei besondere Megatrends vor, die aus meiner Sicht bis mindestens zum Ende der 2020er noch deutlich zunehmen werden. Damit Sie sehen, dass diese Megatrends nicht meiner Fantasie entsprungen sind, lasse ich in diesem Abschnitt auch andere renommierte Quellen zu Wort kommen, die Ihnen ein möglichst breites Spektrum an Informationen geben. Das Fundament Ihrer Entscheidungen wird auf diese Weise noch stabiler.

4.1 Megatrend »GreenTech«

Ich muss zugeben: Megatrend ist ein Wort, das an der Börse oft leichtfertig verwendet wird. Ein Megatrend, der diese Bezeichnung aber tatsächlich verdient, ist unter dem Schlagwort »GreenTech« bekannt geworden.

Was ist »GreenTech«?

Viele werden bei GreenTech sofort an erneuerbare Energien denken. Das ist grundsätzlich richtig, denn erneuerbare Energien wie Sonnen- und/oder Windkraft sind offensichtlich bedeutend, um die Welt von fossilen Energieträgern unabhängig zu machen. Doch das Thema umfasst mehr Aspekte.

Um zu verstehen, warum GreenTech die Zukunft gehört, ist ein Rückblick notwendig. Vor gut sieben Jahren, im Dezember 2015, haben sich Vertreter aus 195 Staaten in Paris auf ein historisches Abkommen geeinigt: das (jüngste) Pariser Klimaabkommen. Demnach soll die Erderwärmung bis zum Jahr 2100 auf deutlich unter 2 Grad begrenzt werden. Zudem sollen ab Mitte des 21. Jahrhunderts die Netto-Treibhausgasemissionen auf null reduziert werden.

Die Klimakonferenz in Glasgow (Ende 2021) und der Koalitionsvertrag in Deutschland haben eines gemein: Die Wirtschaft muss radikal und innerhalb (relativ) kurzer Zeit klimaneutral werden. Konsens von Parteien und Klimaschützern ist, dass die 2020er-Jahre die Wende bei der De-Karbonisierung unserer Wirtschaft bringen müssen, wollen wir in Reichweite des 1,5 Grad-Ziels bleiben.

Die ambitionierten Klima- und Umweltziele werden, so der Konsens, mit althergebrachten Mitteln und Methoden nicht zu erreichen sein. Vielmehr bedarf es innovativer Umwelttechnik, um diese Herausforderungen zu meistern. Die Unternehmensberatung Roland Berger hat in einer vom Bundesumweltministerium in Auftrag gegebenen Studie sechs solcher Leitmärkte definiert. Dazu gehört der Bereich der erneuerbaren Energien; aber auch Kreislaufwirtschaft & Recycling, nachhaltige Mobilität sowie Energie-, Rohstoff- und Materialeffizienz werden in Zukunft enorm an Bedeutung gewinnen.

Die Analysten von Roland Berger zeigen, dass sich das globale Marktvolumen von GreenTech von 3,2 Billionen Euro im Jahr 2016 auf 5,9 Billionen Euro im Jahr 2025 nahezu verdoppeln wird.

Ein institutioneller Wandel – ESG

In den letzten Jahren haben sich zudem die institutionellen Investitionen in den USA zu verschieben begonnen, also die Geldanlagen der großen Investoren wie Pensionsfonds oder die breiten Publikumsfonds. Auslöser könnte die Finanzkrise von 2008, die wachsende Besorgnis über den Klimawandel oder eine Kombination dieser und anderer Trends sein. Sichtbar ist jedoch, dass institutionelle Anleger in den USA neue Wege einschlagen, um ihr Geld einzusetzen. Dieser Trend wird die Welt verändern, nicht nur an den Finanzmärkten. Etwa 78 Prozent des Russell-3000-Index und etwa 80 Prozent des S&P 500 beziehungsweise etwa 21,7 Billionen US-Dollar und 18 Billionen US-Dollar sind institutionelle Gelder. Im S&P Euro Index sind es nur 58 Prozent.

Sie sehen unmittelbar, dass institutionelle Anleger – Stiftungsfonds, Pensionsfonds, Unternehmen, Hedgefonds et cetera – an der Wall Street großen Einfluss haben. Normalerweise vermeiden diese Anleger allerdings jedes öffentliche Theater darum, wie sie ihr Geld investieren.

Über die Jahre haben sich Institutionen infolge des öffentlichen Drucks oder negativer Presse von bestimmten Sektoren distanziert, so zum Beispiel von der Tabakindustrie. Aktuell sind Ölunternehmen aufgrund der Langzeitfolgen von Treibhausgasen und der ökologischen Schäden, die durch die Suche nach neuen Öl- und Erdgas-Lagern entstehen, umstritten.

Diese Entwicklungen spitzten sich durch einen neuen Trend im Bereich institutionelle Investitionen zu: ESG Investing (aus dem Englischen: Environmental, Social, Governance, zu Deutsch: Umwelt, Soziales und Unternehmensführung).

Der zentrale Motor dieser Änderung ist der Umstand, dass viele Anleger ihre institutionellen Anlagen neu bewerten und hinterfragen, wie enorme Beträge auf den Märkten eingesetzt werden.

Ich möchte hier einen wichtigen Aspekt beleuchten: Beachten Sie, dass der Fokus auf Nachhaltigkeit für US-Anleger einen neuen Trend darstellt. Noch ist dies an den Aktienmärkten nicht zu 100 Prozent angekommen. Damit eröffnet diese Triebkraft wesentliche Chancen, die teilweise noch gar nicht erkannt worden sind.

Wofür steht ESG konkret?

Die folgende Grafik gibt Ihnen einen Überblick über die Grundprinzipien, die bei ESG-Anlagen aktuell im Mittelpunkt stehen.

Im Allgemeinen geht es darum, Unternehmen zu schaffen, die direkt und indirekt für Nachhaltigkeit stehen. Zentral ist hierbei, dass Unternehmen die Konsequenzen ihres Handelns hinterfragen und ihren Einfluss auf Menschen und Umwelt respektvoll gestalten.

- Climate change
- Greenhouse gas (GHG) emissions
- Resource depletion, including water
- Waste and pollution
- Deforestation

- Working conditions, including slavery and child labour
- Local communities, including indigenous communities
- Conflict regions
- Health and safety
- Employee relations and diversity

- Executive pay
- Bibery and corruption
- Political lobbying and donations
- Board diversity and structure
- Tax strategy

Abb. 32: ESG – EnvironmentalSocialGorvernance

Quelle: Fidelity Singapore, eigene Bearbeitung

Diese Ideale sind keineswegs verträumte Ideen. Die Investmentgesellschaft BlackRock verwaltet ein Vermögen von 7,8 Billionen US-Dollar. Dazu gehören auch Gelder aus dem Konjunkturpaket der Federal Reserve. BlackRock hat im ESG-Trend eine führende Rolle eingenommen.

In seinem offenen Brief an weltweite Unternehmensleitungen, erläuterte BlackRock-CEO Larry Fink, was ESG-Investitionen für seine Gesellschaft bedeuten. Sein Appell: Es sei Zeit zu handeln. Und wenn eine Institution wie BlackRock so ein Statement abgibt, spitzt die Wall Street die Ohren, vollkommen unabhängig davon, was die Akteure selbst von dem Programm halten. BlackRock berät auch Regierungen weltweit und sitzt als Vermögensverwalter, der Kapital einsammelt, sowie als Berater auf beiden Seiten der Verhandlungstische. BlackRock und dessen Strategien haben deshalb mächtigen Einfluss auf die Finanzmärkte.

ESG und Megatrends

Ich bin (unter anderem auch aus diesem Grund) sehr an ESG-Investitionen interessiert. Für die USA ist dieser Ansatz noch recht neu, doch in Deutschland ist das Thema in den Bereichen Investition und Unternehmensführung bereits seit vielen Jahren präsent. Ich würde ESG vielleicht noch nicht als richtigen Megatrend bezeichnen (da die Bewegung in den USA noch in den Kinderschuhen steckt), allerdings als bedeutenden Trend, deren Werte bereits von einer Reihe globaler Branchenführer vertreten werden. Beispielsweise hat sich Amazon.com bereits das Ziel gesetzt, bis 2040 vollständig klimaneutral zu werden.

Apple strebt an, bis 2030 klimaneutral zu produzieren. Außerdem werden 53 Prozent der Neueinstellungen in den USA aus Bevölkerungsgruppen stammen, die im Technikbereich aktuell unterrepräsentiert sind – Menschen, die eine nicht-weiße Hautfarbe haben oder deren Herkunft auf amerikanische Ureinwohner, Lateinamerikaner oder Bewohner der Pazifikinseln zurückgeht.

Vor einiger Zeit legte Alphabet eine nachhaltige Anleihe im Rekordumfang von 5,75 Milliarden US-Dollar auf. Diese wird Umwelt- und Sozialinitiativen unterstützen, die Themen wie das Beenden rassistisch motivierter Diskriminierung, das Schaffen von bezahlbarem Wohnraum, sauberen Energien und umweltfreundlichen Gebäuden fördern. Weiter werden kleine und mittelgroße Unternehmen unterstützt, die unter der Pandemie litten.

Ein Trend innerhalb eines Megatrends

ESG ist damit ein starker neuer Trend, der allerdings bereits seit Jahrzehnten Einfluss auf meine Megatrend-Strategie nimmt.

Aus diesem Grund muss ich meine Anlagephilosophie nicht neu ausrichten, um von dem Fokus auf ESG zu profitieren. Bei der Auswahl meiner Unternehmen, die als Marktführer in ihren Märkten noch über viele Jahre wachsen werden, wurde ESG bereits berücksichtigt; Sie haben einige der Unternehmen bereits gesehen – und diese sind Teil des ESG-Trends.

Das Investitionsklima könnte besser nicht sein!

Im *Handelsblatt** las ich folgenden sehr interessanten Artikel von Dr. Eike Wentzel, einem der renommiertesten deutschen Trend- und Zukunftsforscher, über Green Tech, der Ihnen einen Beleg dafür gibt, um welche Themen und vor allem Dimensionen es in Zukunft gehen soll:

> »Milliardenschwere Initiativen, darunter ›Der europäische Grüne Deal‹ der EU sowie der ›Climate Plan‹ des neuen US-Präsidenten Joe Biden treiben das Thema voran …
>
> Laut der Ratingagentur Moody's gehen Nachhaltigkeitsfonds regelrecht durch die Decke und werden 2021 noch die Grenze einer Billion US-Dollar überspringen.«

Neue Unternehmen bieten den »Old-Economy«-Industrien ihre nützlichen Produkte an. Ein sehr anschauliches Beispiel liefert dafür die Stahlindustrie. Das Problem dieser Industrie, so Dr. Wentzel, ist der hohe CO_2-Ausstoß bei der Produktion des Stahls.

Die Lösung bietet hierfür ein amerikanischer Konzern an, der sogenannte Grafitelektroden liefert. Diese Grafitelektroden sorgen dafür, dass in Zukunft die Stahlproduktion elektrisch umgesetzt werden kann. Denn beim Elektrostahlverfahren bildet sich deutlich weniger CO_2, da Stahlschrott, wie der Name schon sagt, bereits Stahl beinhaltet, welcher lediglich neu aufgeschmolzen wird.

Dr. Wentzel erklärt weiter: »Durch den Aufbau elektrischer Spannung lässt sich mit Grafitelektroden Stahl bei Temperaturen bis zu 3500 Grad Celsius ökoeffizient einschmelzen.« Es kommt aber noch ein weiterer positiver Faktor dazu, denn bei einem Elektrostahlverfahren in der Stahlindustrie greift man wie erwähnt auf vorhandenen Metallschrott zurück, der dann wieder geschmolzen und zu neuem Stahl weiterverarbeitet wird. Da in klassischen Industrieländern Metallschrott reichlich zur Verfügung

* https://www.handelsblatt.com/meinung/gastbeitraege/expertenrat/wenzel/gastkommentar-expertenrat-effizient-durch-digitalisierung-zehn-trends-die-2022-praegen-werden/27910056.html

steht, kann also dieser Metallschrott wieder verarbeitet werden, was natürlich auch der Natur und somit dem Klimaschutz sehr nützlich sein wird.

4.2 Megatrend »Gesundheit«

Gesundheit als Fundamentalwert hat sich in den letzten Jahren tief in unserem Bewusstsein verankert und ist zum Synonym für hohe Lebensqualität geworden. Als zentrales Lebensziel prägt dieser Megatrend sämtliche Lebensbereiche, Branchen und Unternehmen.

Eindrucksvolle Beispiele dafür, wie neue Technologien und KI (Künstliche Intelligenz) im HealthCare-Sektor eingesetzt werden, konnte man erst kürzlich wieder auf der CES 2022 in Las Vegas erleben. Die »Consumer Electric Show«, die jährlich im Januar stattfindet, wird zwar landläufig als eine der weltweit größten Fachmessen für Unterhaltungselektronik bezeichnet. Aber die Innovationen, die bei diesem Tech-Event von den Unternehmen der Elektronikbranche vorgestellt werden, gehen weit über Smartphones, Fernseher oder Smart-Home-Lösungen hinaus.

Nicht ohne Grund gibt es auf der CES auch ein sogenanntes »Digital Health Studio« sowie einen eigenen Konferenzstrang, der sich nur mit Innovationen aus dem Bereich der Gesundheitstechnologien befasst.

So präsentierte beispielsweise die Bosch-Gruppe auf einer Pressekonferenz zur CES sein Sensorsystem SoundSee. Momentan ist SoundSee noch im Weltall unterwegs, um in der Raumstation ISS ungewöhnliche Geräusche herauszufiltern und diese mithilfe von KI-Algorithmen zu analysieren. In Zusammenarbeit mit einem Gesundheitsunternehmen aus Pittsburgh wird aber bereits parallel daran geforscht, wie die Audio-KI auch als Diagnosewerkzeug in der Kindermedizin genutzt werden kann. Dazu sollen die Sensoren und Algorithmen so angepasst werden, dass sie Lungenkrankheiten wie Asthma schon in jungen Jahren erkennen können. »Mit innovativer Technologie die Gesundheit von Kindern verbessern – das verstehen wir unter Hightech«, wurde Mike Mansuetti, Präsident von Bosch in Nordamerika, dazu zitiert.

Zum ersten Mal in der Geschichte der CES wurde übrigens in diesem Jahr auch eine Keynote von einem Vertreter der Gesundheitsbranche gehalten. Kein geringerer als Robert B. Ford, der Vorstandsvorsitzende und CEO des Pharma-Giganten Abbott Laboratories, sprach in Las Vegas über neue Technologien in der Gesundheitsversorgung und Abbotts Visionen für die Zukunft des Gesundheitswesens. Das lässt zumindest die Trendfolger unter Ihnen sicher aufhorchen. Es wird interessant sein zu sehen, in welchem Bereich dieses Megatrends sich interessante Unternehmen zeigen.

Der smarte Assistent im OP

Ein Unternehmen, das im Bereich Medizintechnik über fast drei Jahrzehnte Erfahrung verfügt, ist die hierzulande wenig bekannte Firma Intuitive Surgical. Das US-amerikanische Unternehmen mit Hauptsitz in Sunnyvale im Silicon Valley ist weltweiter Technologieführer auf dem Gebiet der minimalinvasiven roboter-assistierten Chirurgie.

Mit seinem Robotersystem »da Vinci« gilt Intuitive Surgical als Pionier auf dem Gebiet der roboter-assistierten Chirurgie. Seit dem Jahr 2000 ist Intuitive Surgical an der Börse notiert und Teil der Indizes NASDAQ 100 und S&P 500.

Auch in Deutschland ist das Unternehmen seit 2019 mit einer Niederlassung in Freiburg sowie eigenen Produktions- und Entwicklungsstandorten in Emmendingen und Biebertal bei Wetzlar vertreten.

Heute verwenden Kliniken in 67 Ländern weltweit »da Vinci«-Systeme und zugehörige Technologien. Der smarte Assistent kommt vor allem in der Urologie, aber auch in der Gynäkologie und Chirurgie zum Einsatz.

Dabei arbeitet der OP-Roboter ähnlich wie ein verlängerter Arm des Arztes: Die Finger des Operateurs stecken in Fingerlaschen und die Bewegungen werden in skalierte Echtzeitbewegungen der chirurgischen Instrumente übertragen. Menschliche Schwächen wie das natürliche Zittern der Hand können so ausgeglichen und Operationen dadurch noch präziser durchgeführt werden. Das wiederum kommt dem Patienten zugute, der sich so schneller von der OP erholen kann.

In Deutschland erreichte Intuitive Surgical im vergangenen Jahr einen Meilenstein mit über 200 000 Eingriffen mittels »da Vinci«-System in deutschen Kliniken. Mehr als 200 »da Vinci«-Chirurgie-Systeme sind laut Unternehmensangaben in Deutschland bisher installiert – Tendenz steigend.

Das Beispiel Intuitive Surgical ist eine von vielen Erfolgsgeschichten, die sich im Bereich Gesundheitswesen beobachten lassen. Natürlich sorgt die Pandemie, die uns bereits zwei Jahre begleitet, aktuell für einen zusätzlichen Boom des HealthCare-Sektors. Dies ist allerdings nur ein Beschleuniger für den Gesamttrend. Corona wird sich in der ausgeprägten Form, in der wir dies erleben, eines Tages sicherlich verabschieden, wenngleich das Virus nicht aus der Welt verschwinden wird.

Dennoch wird uns manches aus diesen beiden Jahren erhalten bleiben. Deutschlands führender Corona-Experte Christian Drosten von der Charité fasste im Januar 2022 in einem Interview mit dem *Tagesspiegel* zusammen, wie sehr das Coronavirus die Medizin vorangebracht hat:

> »Die mRNA-Technologie ist ein Riesen-Durchbruch, auch für Krebs und für andere Infektionskrankheiten, denken wir allein mal an Influenza. Das haben wir so noch gar nicht erfasst.«*

Wenn Sie einen Dauer-Trend suchen, wird die mRNA-Technologie in Ihrem Fokus stehen müssen. Dies macht auch die Firma BioNTech aus Mainz tendenziell für Sie als Trendfolger interessant.

Die Digitalisierung des Gesundheitswesens

Klar ist auch, dass nicht jede Innovation, die mit KI und digitalen Technologien die Medizinwelt revolutionieren soll, das Zeug hat, ein Unternehmen zum Megatrend werden zu lassen. Aber außer Frage steht, dass die Digitalisierung des Gesundheitswesens ganz allgemein einen echten Megatrend darstellt.

---

* https://plus.tagesspiegel.de/wissen/virologe-drosten-im-interview-wie-lange-geht-diese-qualerei-noch-weiter-361636.html

Die Recherche nach echten Erfolgsgeschichten und Dauerbrennern im HealthCare-Sektor ist indes mühevoll. Das weiß ich aus eigener Erfahrung, denn diese Arbeit mache ich mir für meine eigenen Börsendienste. Es zeigt sich aber immer wieder, dass es sich lohnt. Zumindest meine Leser wissen dies sicherlich zu bestätigen.

4.3 Megatrend »Gesellschaft 5.0« – Der demografische Wandel

Nahe am Thema Gesundheit ist auch der nächste Megatrend. Politiker, Industrie und wir, die Bevölkerung in Deutschland, verschließen seit Jahren, eher Jahrzehnten unsere Augen vor einem wirklich großen und systementscheidenden Paradigmenwechsel: dem demografischen Wandel, der sich zumindest in Deutschland rasant vollzieht. Sie lesen davon zwar oft in den Medien, aber die Berichte wirken in aller Regel so, als hätten wir alle damit nicht so viel zu tun. Dabei ist dieser Prozess nur schwierig wieder umzukehren. Es gibt kein rasch greifendes Rezept dagegen. Die Welle der durchgehenden Alterung hat sich schon lange aufgebaut.

Von nun an geht's bergab

Das Institut für Arbeitsmarkt und Berufsforschung (IAB) hat errechnet, dass 2019 der Höhepunkt der Beschäftigung erreicht wurde. Rund 95 Prozent des Potenzials an Erwerbspersonen in Deutschland sind quasi ausgeschöpft, so das Institut. In Zahlen ausgedrückt sind das 45,3 Millionen Menschen.

Ab jetzt schlägt das Demografie-Pendel unbarmherzig zurück! Die Wirtschaftsforscher vom IAB-Institut errechneten einen dramatischen Wandel: Bis zum Jahr 2030 verringert sich das Potenzial an Erwerbspersonen um rund 1 Prozent. Auf den ersten Blick hört sich das wenig dramatisch an. Auf den zweiten Blick allerdings bedeutet dies, dass bis zum Jahr 2035 sage und schreibe sieben Millionen Menschen weniger an den Arbeitsplätzen aktiv sein werden. Das klingt schon wesentlich dramatischer.

Und weil das eine realistische Herausforderung ist, manche nennen es auch gesellschaftspolitische »Zeitbombe«, ist es umso unverständlicher, dass dieses Thema im letzten Bundestagswahlkampf überhaupt nicht thematisiert wurde. Manche Medienvertreter waren der Meinung, die Politik versuche sich mit der Problematik des Klimawandels lieber an einem praktisch unlösbaren Problem, anstatt das Mögliche in Form des demografischen Wandels konkret anzugehen.

Mit smarter Technologie der Demografie entgegentreten?

Wie gehen andere Länder damit um, die eine ähnliche Situation vorfinden? Japans Bevölkerung ist die älteste weltweit, jeder vierte Einwohner ist im Land der aufgehenden Sonne älter als 65, das sind mehr als 36 Millionen Menschen! Während wir in Deutschland lieber auf Migration als demografische Lösung setzen und damit gesellschaftliche Diskussionen ganz anderer Art damit ausgelöst haben, ist dies in Japan verpönt. Das ostasiatische Land hat in der kürzeren Vergangenheit seine Hausaufgaben zielführender gelöst. Im Land der Samurai sieht man die Lösung des Demografie-Problems im Einsatz smarter und KI-gestützter Digitaltechnologien, namentlich in Robotik und Automatisierung plus künstlicher Intelligenz.

Wussten Sie, dass Japan nach Südkorea und Singapur die dritthöchste Roboterdichte der Welt hat?

Die japanische Regierung sowie führende Unternehmen wollen mit dem Slogan »Society 5.0« gleich zwei Fliegen mit einer Klappe schlagen: Im eigenen Land das Demografie-Problems lösen und gleichzeitig für ihre Exportindustrie neue Märkte im Bereich smarter Automatisierungslösungen erschließen.

Eine Schlüsselrolle bei der Lösung des Demografie-Problems kommt den sogenannten kollaborativen Robotern zu. Anbieter dieses Bereiches sind davon überzeugt, dass hier ganz neue Märkte mit erheblichen Volumina entstehen werden.

Für deutsche Anbieter bedeutet das, sich schnellstmöglich von der bisherigen Fabrikautomation und Automobilindustrie hin zum Bereich kollaborativer Robotik neu auszurichten. Spannende Robotik-Start-ups aus Deutschland, die modulare Roboter für die Industrie entwickeln, gibt es aber schon.

Kernbestandteil der Technologie ist das intelligent orchestrierte Zusammenspiel von Sensoren, Robotik, künstlicher Intelligenz, dem neuen Mobilfunkstandard 5G sowie Hochleistungsrechnern der erweiterten Realität, auch XR genannt.

Die Weltöffentlichkeit konnte während der Olympischen Spiele 2021 in Tokio bereits einen kleinen Eindruck davon gewinnen. Zum Beispiel baute der Autobauer Toyota auf Basis der Society 5.0 eine »Smart City« für mehr als 1 Milliarde US-Dollar. Hierfür wurde eine »intelligente« Stadt für 3000 Menschen quasi aus dem Boden gestampft.

Diese neue »Smart City« mit dem Namen »Woven« ist das Referenzprojekt, um die alternde japanische Bevölkerung behutsam auf den digitalen Wandel einzustimmen. Im Mittelpunkt der Zukunftsstadt stehen Roboter und Fahrzeuge, die autonom für eine reibungslose Logistik sorgen sollen. Umweltfreundliche Wasserstofftechnologie kommt hier bereits überwiegend zum Einsatz. Auf der Webseite der japanischen Regierung wird schon von einer »superaging, supersmarten Gesellschaft« gesprochen.

Auch die Corona-Pandemie beschleunigte die Nachfrage insbesondere im Bereich der Serviceroboter. Des Weiteren ist das Potenzial für Desinfektionsroboter in Krankenhäusern und anderen öffentlichen Einrichtungen nach wie vor sehr groß: Man schätzt, dass der Absatz von professionellen Bodenreinigungsrobotern von 2021 bis 2024 im Durchschnitt jedes Jahr zweistellig wuchs und wachsen wird.

Will die Bundesregierung also die »Zukunftsregierung« sein, sollte sie stärker ihren Fokus auf das Thema Künstliche Intelligenz und Robotik richten. Deutschland könnte sein Demografie-Problem in den Griff bekommen und der Industrie neue Geschäfte, auch im Export, sichern.

Kleines Fazit: Sie sehen, dass Trendfolge, wie eingangs dargestellt, nicht nur in der Vergangenheit sehr erfolgreich gewesen ist, sondern auch künftig herausragende Chancen bietet. Identifizieren Sie Ihre Megatrends in der Gesellschaft, finden Sie die passenden Trends an den Aktienmärkten, folgen Sie dort den Trends und bleiben Sie bei all dem diszipliniert.

Gerne zeige ich Ihnen nun, wie ich an den Aktienmärkten die großen Trends suche und aufspüre.

VII

DAS TRENDFOLGE-SYSTEM IM DETAIL

Ich bin vollkommen überzeugt, dass die Geldanlage in Aktien eine erfolgreiche Anlagestrategie war, ist und vor allem auch zukünftig bleibt. Auch wenn die Inflation um uns herum tobt (oder gerade weil), auch wenn die Staaten so hoch verschuldet sind wie nie, eine Pandemie ihr Unwesen treibt und wir sogar in Europa einen Krieg erleben – Aktien starker Unternehmen in Megatrends werden immer funktionieren.

Deshalb lohnt es sich auch in Krisenphasen, wie wir sie aktuell zweifellos erleben, an den Aktienmärkten nach Anlagemöglichkeiten zu suchen. Dies gilt selbst dann, wenn die Märkte 2022 irgendwann in einen heftigeren Korrekturmodus übergehen sollten. **Trendfolger wissen, dass gerade solche Abwärtsphasen zumeist schnell und heftig sind, um dann in einen massiven Turnaround überzugehen.**

Es stellte sich immer wieder heraus, dass es in der Regel nur wenige Monate dauerte, bis aus Verlusten wieder Gewinne wurden – weil der Gesamttrend stimmt. Oft kletterten die Aktienkurse höher denn je! So wird es auch in Zukunft sein, davon bin ich aufgrund meiner über 30-jährigen Börsenerfahrung absolut überzeugt.

Als Beispiel dafür, habe ich eine schöne Statistik gefunden.

Übersicht über die DAX-Korrekturphasen: Krisen und Erholungen				
		Performance nach		
Jahr	Einbruch	3 Monaten	6 Monaten	12 Monaten
1987	-41 %	13 %	25 %	44 %
1990	-33 %	21 %	24 %	26 %
1997	-20 %	23 %	41 %	54 %
1998	-37 %	38 %	30 %	39 %
2000–2003	-73 %	46 %	59 %	78 %
2001	-27%	32 %	41 %	-19 %
2008–2009	-55 %	37 %	49 %	60 %
2011	-33 %	14 %	36 %	45 %
2015	-24 %	14 %	4 %	13 %
2016	-23 %	14 %	23 %	33 %
2018	-23 %	10 %	18 %	28 %
Schnitt	-35 %	24 %	32 %	36 %

Abb. 33: Wie lange dauerte es, bis nach einer Krise die Erholung eintrat?

Quelle: boerse.de

Die Zahlen sind eindeutig: Ein Einbruch kann heftig ausfallen. In all diesen Krisen jedoch war an den Börsen von diesem Einbruch nach drei Monaten bereits nichts mehr zu sehen (jeweils ab dem Zeitpunkt, an dem die Erholung wieder beginnt). Sie sehen ebenfalls, dass die höchsten Gewinne sofort nach dem Ende der Krise anfallen.

Wenn der Trend also stimmt, sollten Sie einfach investiert bleiben, lehrt uns die Erfahrung.

Bleiben Sie investiert und entspannt – das ist meine Erfahrung aus jahrzehntelanger Anlagepraxis. Der Haupttrend ist zumindest für die gesellschaftlichen Megatrends und die Unternehmen, die davon profitieren, in der Regel positiv.

Wenn Sie solche Unternehmen suchen, sollten Sie gerade mit Blick auf die möglichen Turbulenzen ein feineres kurstechnisches Trend-System anwenden, dass nicht wie zum Beispiel der GD 200 sehr viele Fehlsignale produziert oder sehr viel später als in der Realität möglich eine positive Entwicklung anzeigt.

Dem Geheimnis auf der Spur …

Kluge und intelligente Analysten, Investoren und Börsianer konnten wissenschaftlich nachweisen, dass schon einfache Trendfolge-Systeme zahlreiche andere Systeme hinter sich lassen. Dies lässt sich noch einmal verfeinern, wenn Sie auf eine Kombination an Trendfolge-Indikatoren setzen.

Dabei gibt es gute und weniger gute Indikatoren. Was heißt »gut«? Ich identifiziere die »guten« Indikatoren als diejenigen, die erfolgreich sind, die in zahlreichen Fällen den Trend richtig erkannt haben.

Bevor ich Ihnen diese Indikatoren im Detail vorstelle, lassen Sie mich bitte noch einige Vorbemerkungen machen. Indikatoren helfen Ihnen, bestehende Trend-Situationen zu untersuchen und dahingehend zu bewerten, ob diese Trends an Beständigkeit verlieren oder sogar ein Trendwechsel ansteht.

Ein solcher Trend ist eine richtungsgleiche Aneinanderreihung von Kursen, nicht viel mehr. Die Kunst besteht vor allem darin, die Mächtigkeit des Trends zu erkennen und einen Trendbruch zu identifizieren. Trendbrüche sind die Punkte, an denen Sie Ihre Strategie ändern sollten.

Dabei legen Sie selbstverständlich auch fest, welche Zeiträume Sie überhaupt zugrunde legen wollen: eine langfristige (zwei bis drei Jahre), mittelfristige (vier bis acht Monate) oder kurzfristige (eine bis vier Woche/n) Betrachtungsweise.

Achtung Börsenregel! Der Markt ist immer mächtiger als Sie!

Es gibt natürlich auch Investoren, die Trends suchen, um genau in die andere Richtung zu investieren. Es ist wie im richtigen Leben: Manche wollen schlauer sein. Die Daten solcher Herangehensweisen habe ich auch untersucht. Meine Feststellung dazu: Es gilt die bereits erwähnte Börsenweisheit: »The trend is your friend«. Wer sich gegen den Trend stellt, legt sich mit dem Markt an, und der ist im Zweifelsfall immer der Stärkere. Es hilft nichts: Der Markt entscheidet darüber, ob Sie Geld verdienen oder verlieren. Hören Sie dem Markt zu, lesen Sie seine Spuren.

Die Spreu vom Weizen trennen

Es existieren eine Vielzahl von Indikatoren, die auf unterschiedliche Weisen wirken und gelesen werden. Ich werde Ihnen nun die für mich relevanten Indikatoren vorstellen und näherbringen.

1 Grundlegende Indikatoren

Grundsätzlich unterscheide ich zwei Arten von Indikatoren:

1. Trendfolge-Indikatoren (wie zum Beispiel Gleitender Durchschnitt, abgekürzt GD)
   Der Gleitende Durchschnitt ist nützlich, um die Richtung eines bestehenden Trends zu bestimmen und festzustellen, ob ein Trendwechsel stattgefunden hat. Gleitende Durchschnitte fungieren auch als Unterstützung und zur Bestimmung des Widerstandsniveaus, zeigen also, wo ein Trend brechen könnte.

2. Oszillatoren (zum Beispiel MACD, RSI, MOM, WPR)
   Diese Indikatoren geben Ihnen Hinweise darauf, ob ein Markt einen extremen Ober- oder Unterwert erreicht hat oder anders gesagt: ob die betrachtete Aktie aktuell an der Börse überbewertet (übergekauft) oder unterbewertet (überverkauft) ist. Der Vorteil eines Oszillators besteht darin, dass er sich antizipatorisch verhält, also der Trendumkehr vorausläuft. Oszillatoren warnen Sie als Investor also vor zu hohen Kursen und geben oft rechtzeitige Hinweise auf eine bevorstehende Trendwende. Sie gehören zu den zuverlässigsten Hilfsmitteln, die dem technischen Analysten zur Verfügung stehen.

1.1 Gleitender Durchschnitt (GD)

Der Gleitende Durchschnitt ist ein technischer Indikator, der die Preispunkte einer Aktie zu einem bestimmten Zeitraum kombiniert und durch die Anzahl der Datenpunkte aufteilt, was zu einer einzigen Trendlinie führt. Weniger akademisch formuliert: Sie bilden den Durchschnitt von x Handelstagen und berechnen diesen jeweils am darauffolgenden Tag neu, indem das jüngste Kursgeschehen berücksichtigt wird und das älteste aus der Betrachtung fällt. Unter Investoren ist dieser Indikator sehr beliebt, weil er helfen kann, die Richtung des aktuellen Trends zu bestimmen und zugleich den Einfluss »zufälliger« Preisanstiege zu reduzieren.

Ein Gleitender Durchschnitt ermöglicht es Ihnen, Unterstützungs- und Widerstandsniveaus zu identifizieren, da Sie damit die vorherige Preisbewegung eines Börsenwertes analysieren können. Er ist also ein Änderungsindikator, der die vorherige Preisbewegung verfolgt und dem Verlauf der Marktbewegungen folgt, um mögliche zukünftige Muster zu erkennen und zu bestimmen. Der Gleitende Durchschnitt ist in erster Linie ein sogenannter »nachlaufender« Indikator, was ihn zu einem der beliebtesten technischen Analysewerkzeuge macht. Sie erkennen eine Trendumkehr damit erst, wenn sie sich schon vollzogen hat. Die bekanntesten Gleitende Durchschnitte sind der GD 20 (kurzfristig), der GD 100 (mittelfristig) und der GD 200 (langfristig). Die Zahlen stellen die Anzahl an Handelstagen dar, die berücksichtigt werden.

Was macht ein Gleitender Durchschnitt?

Im Grunde genommen bildet ein solcher Durchschnitt, wie der Name schon sagt, einen Mittelwert.

Ein einfacher Mittelwert aus den Zahlen 4, 5, 6 wäre: 4 + 5 + 6 = 15, das Ergebnis teilen Sie dann wiederum durch 3, da wir drei Zahlen haben, und bekommen als Mittelwert 15 : 3 = 5. Unser Mittelwert ist also 5. Jetzt nehmen wir an, wir betrachten nicht nur einzelne Zahlen, sondern Ereignisse einer Zeitreihe. Also zum Beispiel die Kurse einer Aktie und dann immer den Schlusskurs am Tagesende.

Wir haben also eine Aktie, die heute bei 100 Euro schließt. Morgen schließt Sie dann bei 103 Euro und übermorgen bei 105 Euro. Das Vorgehen ändert sich nicht, der Durchschnitt beträgt: 101 + 103 + 105 = 309, das Ergebnis teilen Sie durch drei Tage (309 : 3 = 103 im Durchschnitt).

Sie wissen nun, dass der Durchschnitt der letzten drei Tage 103 Euro beträgt. Die Aussagekraft an sich hält sich aber noch stark in Grenzen, denn was uns bei Aktien interessiert, ist ja, ob sie steigen oder fallen. Angenommen Sie wollen weiterhin einen Drei-Tage-Durchschnitt betrachten. Die ersten drei Tage sind vergangen und wir haben die Werte 101, 103 und 105. Nun kommt der vierte Tag hinzu. Die Aktie schließt bei 108. Was nun?

Im Grunde ganz einfach, Sie streichen den ersten Wert mit 101 weg und verwenden stattdessen den neuen mit 108. Kommt tags darauf ein weiterer Wert mit 113 hinzu, nutzen Sie den und streichen den zweiten Tag.

Wir haben also immer einen Drei-Tage-Durchschnitt, der dennoch die aktuellen Werte enthält. Wie das aussieht sehen wir am besten an einem kleinen Chart mit dem obigen Beispiel:

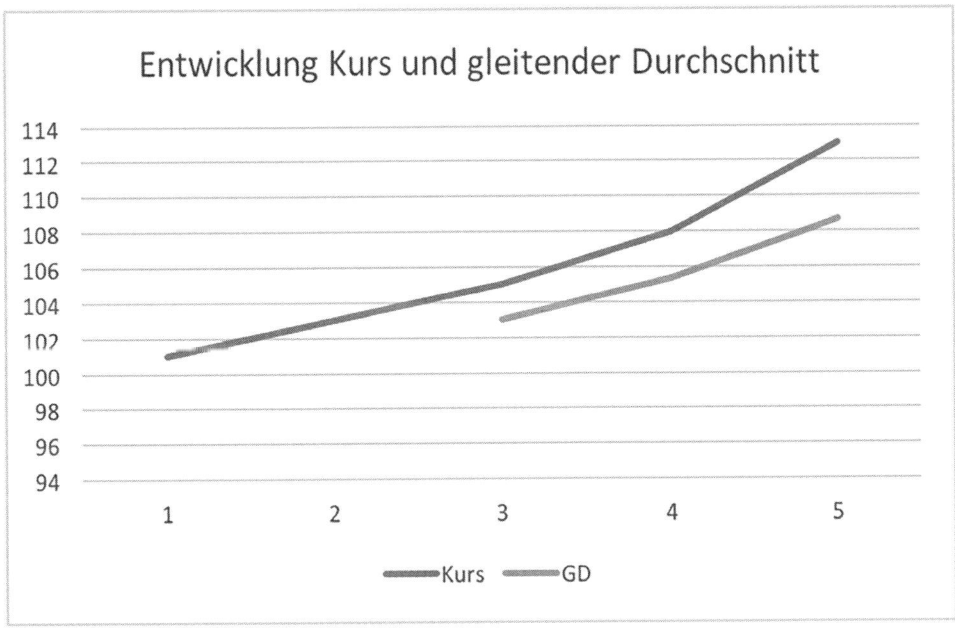

Abb. 34: Gleitender Durchschnitt und Kursentwicklung

Quelle: www.proffeinvest.de

Wie Sie sehen, entwickelt sich der Gleitende Durchschnitt (oder englisch *moving average*, MA) träger als der Kurs. Was ja auch nicht verwunderlich ist, denn er »zieht« ja immer die beiden Kurse der Vortage mit. Die Trägheit ist ein Vorteil, denn damit wird das Gewicht der jüngsten Ereignisse etwas reduziert, Schwankungen gleichen sich automatisch aus.

Wir haben einen GD 3 betrachtet und das auf Tagesbasis. Ein sehr beliebter Gleitender Durchschnitt ist der GD 20. Er betrachtet jeweils die letzten 20-Tages-Schlusskurse. Schauen Sie sich beispielhaft einen GD 20 von Apple an.

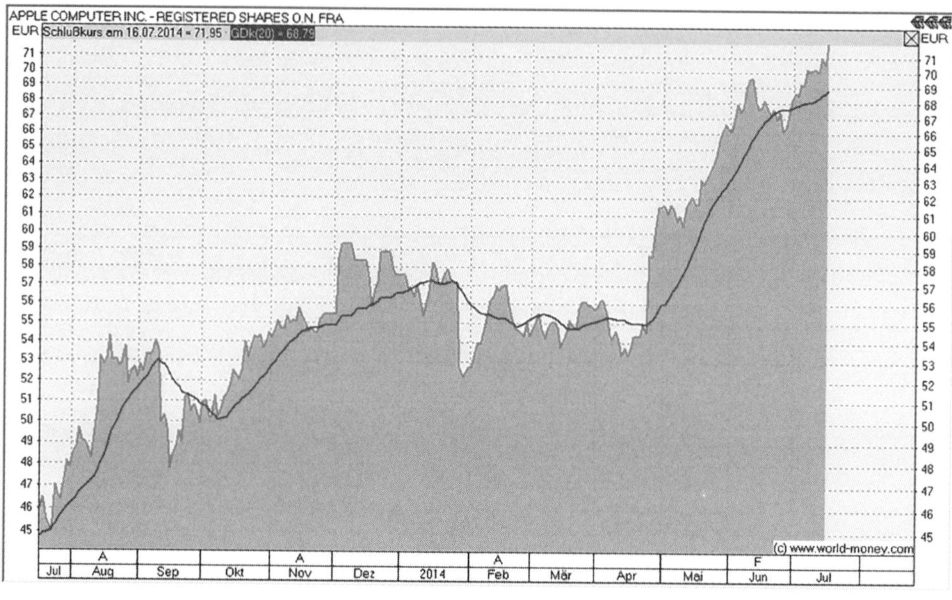

Abb. 35: Gleitender 20-Tage-Durchschnitt – Apple

Quelle: www.proffeinvest.de

Hier können Sie schön erkennen, wie der gleitende 20-TageDurchschnitt viel »ruhiger« als der Kurs läuft, es wird nicht jeder Ausreißer nach oben oder unten mitgenommen. Sie können anhand des GD 20 einen generellen Trend erkennen. Läuft der GD 20 aufwärts, so entwickelt sich auch die Aktie tendenziell nach oben, läuft er abwärts, so ist der Trend eher abwärts gerichtet.

Das Problem dieses GD: Die Reaktion des Gleitenden Durchschnitts wird durch die Untergewichtung der jüngsten Ereignisse natürlich auch verzögert; gerade bei langen Zeitreihen, zum Beispiel einem GD 50, kann das zu einigen Verzerrungen führen.

Um diese Verzögerungen abzuschwächen, wurde ein gewichteter Gleitender Durchschnitt entwickelt. Dabei werden die neu hinzukommenden Werte höher gewichtet als die älteren Werte. (Kleine Anmerkung am Rande: Es gibt Analysten, die dennoch auf eine solche Gewichtung verzichten – dies bleibt selbstverständlich jedem selbst überlassen.)

Exponentieller Gleitender Durchschnitt

Zwecks stärkerer Gewichtung der aktuellen Ereignisse entwickelte sich an den Märkten der Exponentielle Gleitende Durchschnitt (EMA; *exponential moving average*). Haben die ersten beiden Varianten gemeinsam, dass für einen neuen Kurswert immer ein alter aus der Berechnung fiel, so ist das beim Exponentiellen Gleitenden Durchschnitt anders.

Es werden alle Kurse in die Berechnung mit einbezogen, allerdings wird zum Wert des jüngsten Durchschnitts ein gewichteter Anteil des jeweils aktuellen Schlusskurses addiert. Somit verblassen die Kurse der Vergangenheit durch die exponentielle Gewichtung der hinzukommenden Daten mit jedem Tag. Und damit reduziert sich die Verzögerung des Durchschnitts noch einmal weiter. Die GD-Linie hinkt der aktuellen Kursbewegung also nicht so weit hinterher.

1.2 Moving Average ConvergenceDivergence (MACD)

MACD ist die Abkürzung für »Moving Average Convergence/Divergence«. Auf Deutsch bedeutet das so viel wie »ein Indikator für das Zusammen-/Auseinanderlaufen des Gleitenden Durchschnitts«. Der MACD ist ein wichtiger Indikator in der Trendfolge.

Vor allem in den letzten Jahren ist der MACD meinem Eindruck nach noch beliebter geworden, da er ausgesprochen vielseitig und aussagekräftig ist.

Der MACD nimmt auf dem Gebiet der technischen Indikatoren eine Doppelstellung ein, da er sowohl als klassischer Trendfolge-Indikator als auch als Oszillator herangezogen werden kann. Der MACD-Indikator betrachtet verschiedene Gleitende Durchschnitte (oder auf Englisch: *moving averages*). Aus ihrer Bewegung zueinander (Convergence) oder voneinander weg (Divergence) werden dann Signale für die weitere Entwicklung eines Kurses abgeleitet.

Übrigens wurde der MACD von Gerald Apple entwickelt (der Herr hat nichts mit der gleichnamigen Aktie zu tun) und im Jahr 1979 vorgestellt.

Der Indikator besteht aus zwei GD-Linien, die aus drei verschiedenen exponentiell geglätteten Gleitenden Durchschnitten (Englisch abgekürzt mit EMA) ermittelt werden. Klingt kompliziert, ist es aber nicht.

Die erste Kurve wird ermittelt, indem zunächst die Kurse der vergangenen 26 Tage zusammengezählt werden und diese Summe durch 26 geteilt wird. Reiht man die Ergebnisse der letzten 26 Tage aneinander, so ergibt sich die Durchschnittslinie der vergangenen 26 Tage.

Auf gleiche Art und Weise wird die Durchschnittslinie der vergangenen 12 Tage konstruiert. Die MACD-Linie erhält man nun, indem man jeweils vom Wert der 12-Tage-Linie den der 26-Tage-Linie abzieht. Beide Linien werden exponentiell gewichtet, damit die jüngeren Kurswerte einer Datenreihe eine etwas höhere Gewichtung als die älteren Kurswerte bekommen. Die MACD-Linie oszilliert (schwankt) um die Nulllinie.

Besonders differenzierte Aussagen

Seine eigentliche Raffinesse gewinnt der MACD jedoch erst, indem er eine zweite Kurve ins Spiel bringt. Die Werte dieser Kurve werden aus der MACD-Linie gewonnen. Diese neue Kurve ist ein Durchschnitt aus den neun jüngsten Werten der MACD-Linie (exponentiell geglättet), die als Signallinie, genannt »Trigger«, dient.

Die Schnittpunkte zwischen MACD-Linie und Signallinie werden als die eigentlichen Kauf- und Verkaufsempfehlungen interpretiert. Eine Kauf-Position wird eröffnet, wenn der MACD den Trigger aufwärts schneidet. Wird der MACD vom Trigger wieder eingeholt, wird die Position wieder geschlossen.

In der Praxis sind mittels Computer unendlich viele Einstellungen möglich. Möglich ist auch die Verwendung des MACD nur als Trendanzeiger, wenn man zum konkreten Ein- und Ausstieg auf andere Indikatoren vertraut.

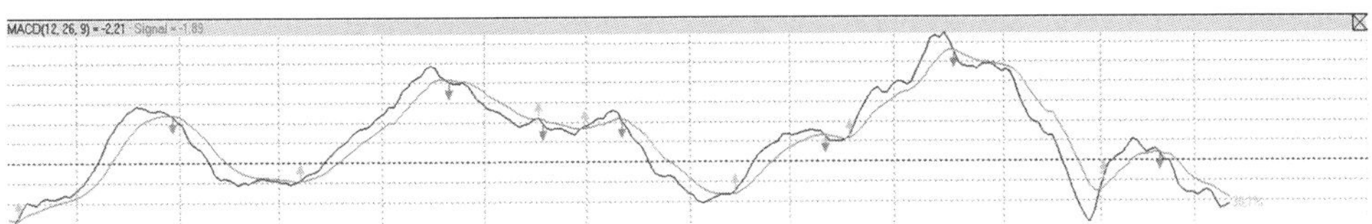

Abb. 36: Schnittpunkte zwischen MACD-Linie und Signallinie – Kauf oder Verkauf?

Quelle: www.proffeinvest.de

Auf diese Weise soll umgangen werden, dass der MACD zwar einerseits zuverlässiger wird, je langfristiger er eingestellt ist, andererseits dann aber die Trends entsprechend oft »verschläft« werden.

Eine weitere Möglichkeit der Interpretation des MACD besteht in der Suche nach Divergenzen, das heißt gegenläufiger Tendenz von MACD-Linie und Kurs. Bildet beispielweise der Kurs neue Tiefstände heraus, während der MACD schon wieder eine Aufwärtstendenz zeigt, könnte dies ein Anzeichen für eine nahende Trendumkehr auch im Basiswert sein.

Gut zu wissen: Aufwärtstrends sind gerade dadurch gekennzeichnet, dass sich Indikatoren wie der MACD überwiegend im positiven Bereich der Skala bewegen, während sie sich in Abwärtstrends meist im negativen Bereich aufhalten.

1.3 Momentum-Oszillator (MOM)

Momentum (MOM) ist die englische Bezeichnung für Wucht, Schwung, Impuls, und das trifft es auch ziemlich gut. Der Indikator »Momentum« oder auch »MOM« genannt, zeigt die Stärke einer Bewegung an. Dies ist bildlich gesprochen wie das Drehmoment der Beschleunigung bei Autofahrten. Das Momentum können Sie sich bei der Beurteilung, ob eine Aktie einem Aufwärtstrend folgt, zunutze machen.

Wie stark ist der Trend?

Der Indikator soll Aufschluss über die Stärke oder Schwäche eines Trends geben. Durch die kontinuierliche Quantifizierung dieses Momentums, also seiner Richtung beziehungsweise Abnahme oder Zunahme, ist das

Momentum einer der wenigen Indikatoren, der auf eine bevorstehende Trendwende hinweist.

Die »Schwungkraft« der Kurse wird häufig mit dem Wurf eines Balles verglichen. Stellen Sie sich bitte mal vor, dass Sie einen Ball senkrecht in die Luft werfen. Am Anfang gibt es eine hohe Beschleunigung, die sich aber fortlaufend verringert, bis die Erdanziehungskraft den Ball schließlich wieder zu Boden fallen lässt.

So ist es auch mit beginnenden Auf- oder Abwärtstrends mit starken Kursbewegungen, die jedoch im Zeitablauf wieder an »Schwungkraft« verlieren. Diese »Schwungkraft« der Kurse wird nun im Momentum festgestellt und analysiert. Das Hauptaugenmerk liegt hierbei auf der Kursrichtung, der Geschwindigkeit der Kursbewegung sowie auf der Veränderungsrate der Geschwindigkeit.

Mit »Schwung« zum Erfolgs-Depot

Liegt der aktuelle Kurs über dem Kurs eines genau bestimmten Zeitpunktes der Vergangenheit, ist das Momentum größer 1, die Aktie befindet sich demnach in einem Aufwärtstrend. Analog signalisiert ein Momentum kleiner 1 einen Abwärtstrend. Mithilfe der Entwicklung dieser Daten, einer Momentum-Strategie also, können Anleger positive Aufwärtstrends, die sich zuletzt noch beschleunigten oder abbremsten, erkennen und damit mögliche Trendwenden ausmachen. Gleiches funktioniert auch mit möglichen Abwärtstrends. Allerdings ist die Prognose von Trendbrüchen bei der Betrachtung kurzer Zeiträume isoliert recht schwierig. Die Anzahl der Fehlsignale ist hoch.

Trendsignale werden angezeigt

Als klassisches Signal gilt das Über- oder Unterschreiten der sogenannten Nulllinie. Schneidet also das Momentum diese Linie von unten nach oben, so gilt dies als Kaufsignal. Andersherum gilt natürlich: Durchbricht die Linie die Nulllinie von oben nach unten, so gilt dies als Verkaufssignal. Das Momentum gehört zu den leistungsfähigsten Indikatoren, wenn der Markt starke Tendenzen aufweist.

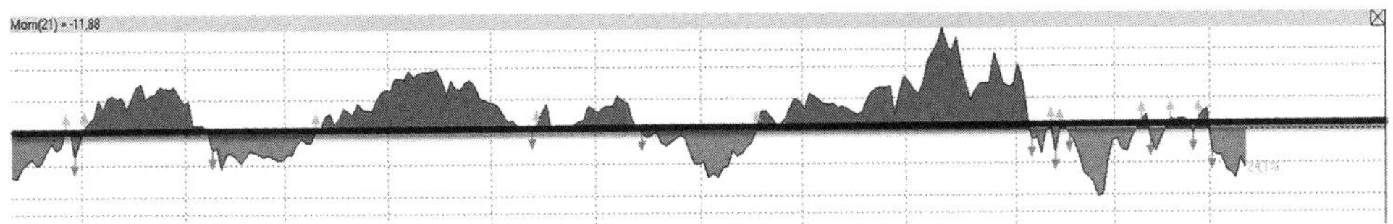

Abb. 37: Klassisches Kauf- oder Verkaufssignal ist das Über- oder Unterschreiten der Nulllinie.

Quelle: www.proffeinvest.de

Vorsicht bei Seitwärtstrends

Herrscht ein Seitwärtstrend vor, pendelt das Momentum um die Nulllinie herum und produziert viele Kauf- und Verkaufssignale, die wenig gewinnversprechend sind. Wer allen Trends folgen wollte, würde permanent an- und verkaufen. Das kostet Gebühren und produziert auch fortlaufend kleinere Kursverluste. Sie werden in einer solchen Situation immer am falschen Punkt ausgebremst. Bitte merken Sie sich zur Momentum-Interpretation diese Trendsignale:

- Momentum positiv und steigend: Ein bestehender Aufwärtstrend beschleunigt sich.
- Momentum positiv und fallend: Ein bestehender Aufwärtstrend schwächt sich ab, wird also gebremst.
- Momentum negativ und fallend: Ein bestehender Abwärtstrend beschleunigt sich.
- Momentum negativ und steigend: Ein bestehender Abwärtstrend schwächt sich ab, wird also gebremst.

Die Momentum Formel

M = C – Cn
C = der letzte Schlusskurs
Cn = der Schlusskurs vor n-Tagen

Für n gibt es je nach Bedarf und Interpretation die unterschiedlichsten Einstellungen.

1.4 Relative-Strength-Index (RSI)

Dieser Indikator kann Ihnen gleichfalls dabei helfen, den optimalen Zeitpunkt für einen Kauf beziehungsweise Verkauf einer Aktie zu bestimmen, indem Trendbrüche identifiziert werden. Der RSI ist meiner Erfahrung nach einer der beliebtesten Indikatoren in der technischen Aktienanalyse. Der Relative-Strength-Index (zu Deutsch: Relative Stärke Index) wurde von J. Welles Wilder 1978 in seinem Buch *New Concept in Technical Trading Systems* vorgestellt und eingeführt.

Das Besondere des RSI

Der RSI-Indikator wird verwendet, um Situationen zu erkennen, in denen ein Wert überkauft ist (also eine übertrieben große Nachfrage erzeugt hat) oder als überverkauft gilt. Der RSI-Indikator misst sowohl die Geschwindigkeit als auch die Richtung eines Trends, indem er die Auf- und Abwärtsbewegungen eines Basiswerts über die Zeit in Relation setzt.

Wie funktioniert der RSI-Indikator?

Um den RSI-Indikator zu ermitteln, berechnen Sie Durchschnitte. Dabei berechnen Sie einmal den Mittelwert einer Serie von Aufwärtskursbewegungen und einmal den Mittelwert einer Serie von Abwärtskursbewegungen. Wenn beide Mittelwerte berechnet wurden, teilen Sie den Mittelwert der Aufwärtsbewegungen durch die Summe der Mittelwerte der Aufwärts- und Abwärtsbewegungen, also durch alle Bewegungen. Somit erhalten Sie den Anteil der Aufwärtsbewegungen an der gesamten Bewegung.

Dies zeigt, wie stark ein Wert oder Index ist. Aufgrund der Berechnung sind Werte zwischen 0 und 100 möglich. 0 würde bedeuten, dass die Gesamtbewegungen überhaupt keine Aufwärtsbewegungen enthalten, 100 würde bedeuten, dass es nur Aufwärtsbewegungen gibt.

Auch hier gibt es verschiedene Möglichkeiten der Zeiteinstellungen, die festlegen, auf wie viel Tage betrachtet der RSI berechnet werden soll. Ursprünglich wurde der RSI Indikator mit 14 Tagen entwickelt.

Interessant ist die Betrachtungsweise. Wie auch bei anderen Indikatoren sollen Kauf- und Verkaufsempfehlungen aus dem Indikator ablesbar sein. Hier geht man von Folgendem aus:

Nimmt der RSI Werte über 70 an, gilt ein Titel oder Markt als überkauft, man rechnet also mit einem baldigen Drehen und ist tendenziell in Verkaufsstimmung.

Liegt der RSI bei weniger als 30, gilt der Markt als überverkauft und der Investor wartet auf die Gelegenheit zum Einstieg.

Selbstverständlich können die Kurse sich in einem trendstarken Markt auch noch weiter in die überkaufte oder überverkaufte Richtung entwickeln – Sie können sich allerdings mit ziemlich großer Sicherheit darauf verlassen, dass die Trendwende kommt.

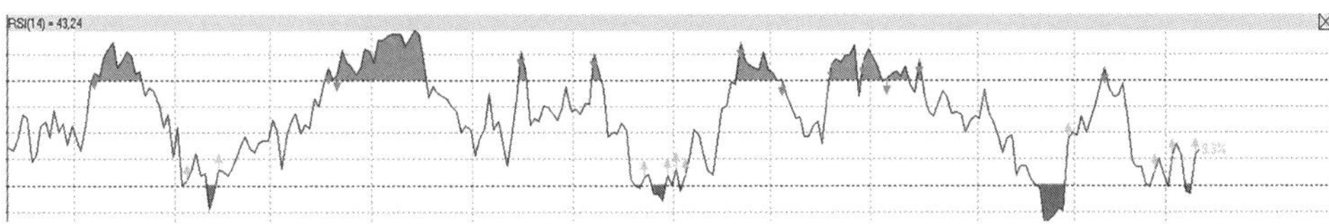

Abb. 38: Eine überkaufte Marktsituation

Quelle: www.proffeinvest.de

Wie verlässlich ist der RSI-Indikator?

Wie alle Indikatoren in der technischen Analyse, gibt der RSI-Indikator nur einen Hinweis auf den möglichen zukünftigen Kursverlauf. Sie sollten eine Kauf- oder Verkaufsentscheidung niemals allein auf Grundlage des RSI treffen.

RSI-Indikator – Formel:

RSI = 100 – 100/(1+RS)
RSI = Durchschnitt n Tage positive Schlusskurse
Durchschnitt n Tage negative Schlusskurse
n = 9 Zeiteinheiten

1.5 Williams Percent Range (WPR oder auch Williams %R)

Der Indikator wurde von dem angesehenen Börsenhändler Larry Williams entwickelt. Er vergleicht den Schlusskurs einer Aktie mit der Hoch-Tief-Spanne über eine bestimmte Anzahl von Kursen im Rückblick.

Der Williams Percent Range, auch bekannt als Williams %R, ist ein weiterer Momentum-Indikator, den Analysten verwenden, um überkaufte oder überverkaufte Marktsituationen zu erkennen.

Wie andere Oszillatoren wird er jeweils unterhalb des eigentlichen Diagramms angezeigt. Er gibt eine Skala an, die sich zwischen 0 und -100 hin- und herbewegt. Häufig wird der Williams Percent Range verwendet, um Einstiegs- und Ausstiegspunkte in einem Markt zu finden.

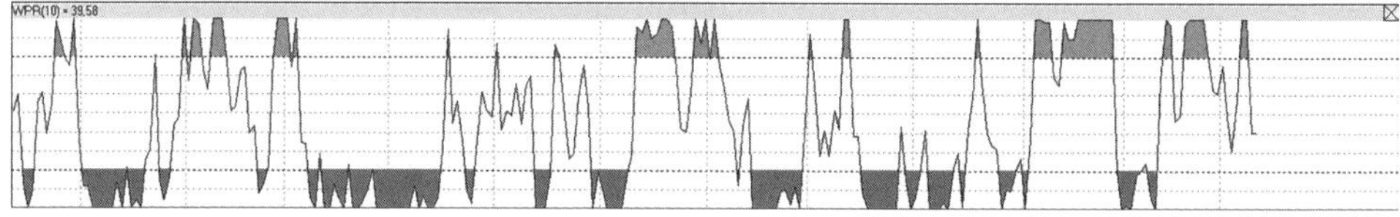

Abb. 39: Williams Percent Rage grafisch dargestellt

Quelle: traderfox.de; eigene Bearbeitung

Der Williams %R vergleicht den letzten Schlusskurs mit dem höchsten Wert eines bestimmten Rückblickzeitraums. Das bedeutet, dass ein WPR von über -50 anzeigt, dass der jüngste Schlusskurs näher am Höchststand als am Tiefststand des betrachteten Zeitraums liegt. Ein WPR von -100 bedeutet, dass der aktuelle Kurs das niedrigste Tief des angegebenen Zeitraums in der Vergangenheit ist. In der Regel wird ein Zeitraum von 14 Börsensitzungen verwendet, der jedoch auch 14 Tage, Wochen oder Stunden umfassen kann und an die Bedürfnisse des einzelnen Anlegers angepasst wird. Kurz gesagt: Sie bestimmen, wie kurzfristig die Aussagen jeweils sind.

Nehmen wir an, Sie möchten einen Zeitraum von 20 Tagen betrachten und nehmen eine Aktie in den Blick, deren Kurs bei 150 Euro steht. Der Höchstkurs lag bei 180 Euro und der Tiefstkurs in diesem Zeitraum bei 120 Euro. Die Williams Percent Range berechnet sich dann folgendermaßen:

$$(180 - 150) : (180 - 120) = 30 : 60 = 0{,}5 = 50\,\%$$

Vor das Rechenergebnis wird dann jeweils ein Minussymbol gesetzt, damit das Ergebnis in der Darstellung nicht so seltsam aussieht (siehe unten). Die Differenz des heutigen Kurses zum Höchstkurs bezogen auf die Differenz der Gesamtbewegung des Zeitraums liegt bei 50 Prozent, also genau in der Mitte. Sie sehen damit weder einen überkauften noch überverkauften Wert.

Stünde der heutige Kurs bei 175, ergäbe sich folgendes Bild:

$$(180 - 175) : (180 - 120) = 5 : 60 = 0{,}083333 = 8{,}33\,\%$$

Sie würden also bei -8,33 % eine überkaufte Situation vorfinden. Als Definition gilt:

Werte von 0 bis 20 gelten als überkauft.
Werte von 80 bis 100 als überverkauft.

Da die Darstellungsweise mit positiven Zahlen irreführend wäre, wird wie oben bereits erwähnt, die Skala des WPR oft invers dargestellt, daher sehen Sie auf der Skala dann häufig Werte von 0 bis -100 (statt 0 bis 100). Der Chart ist dann einfach nur an der 0-Linie gespiegelt, das ist alles. Die Folge: Die überkaufte Situation sehen Sie im Bereich von 0 bis -20, der Bereich befindet sich im Chart dann oben, wo man das auch erwarten würde. Die überverkaufte Situation ist dann im Bereich von -80 bis -100 unten zu finden. Das ist für uns als Betrachter, so jedenfalls die Vorstellung, besser zu interpretieren.

1.6 Unterschiede zwischen RSI und Williams %R

Wenn Sie jetzt vielleicht denken, dass die Beschreibungen der letzten beiden Indikatoren sich ziemlich ähneln, so stelle ich fest, dass Sie sehr aufmerksam gelesen haben! Deshalb hier nochmals ausführlicher, worin sich die beiden Indikatoren unterscheiden.

Der Relative-Stärke-Index (RSI) und der Williams %R-Oszillator (WPR) sind Momentum-Indikatoren, die sich jedoch in ihrer Berechnung und

Interpretation unterscheiden. Obwohl es sich bei beiden jeweils um bereichsgebundene Metriken handelt, bewegt sich der RSI zwischen 0 und 100, während der Williams %R zwischen 0 und -100 schwankt.

Der RSI misst die Beständigkeit, mit der die Kurse im Laufe der Zeit steigen oder fallen. Ein hoher RSI-Wert zeigt also an, dass die Kurse in einem bestimmten Zeitraum häufiger gestiegen als gefallen sind. Der RSI verwendet außerdem eine Basisperiode von 14 Börsensitzungen im Rückblick. Daher bedeutet ein RSI-Wert von 100, dass der Schlusskurs in den vergangenen 14 Tagen jeden Tag gestiegen ist.

Wenn der Williams %R-Wert sinkt, während der Kurs in einem Aufwärtstrend weiterhin neue Höchststände erreicht, steht dieser Interpretation nach wahrscheinlich eine Abwärtsumkehr bevor. Aufgrund ihrer unterschiedlichen Spannen werden jedoch überkaufte oder überverkaufte Signale dieser Momentum-Oszillatoren umgedreht. Überkaufte Bedingungen werden durch RSI-Werte über 80 und Williams %R-Werte zwischen 0 und -20 signalisiert. Überverkaufte Bedingungen werden durch RSI-Werte unter 20 und Williams %R-Werte zwischen -80 und -100 signalisiert.

Sowohl der Williams %R als auch der RSI werden verwendet, um festzustellen, ob ein Wertpapier überkauft oder überverkauft ist oder jedenfalls so interpretiert werden kann. Diese Zustände sind ein Signal dafür, dass sich der aktuelle Trend möglicherweise in Kürze erschöpft.

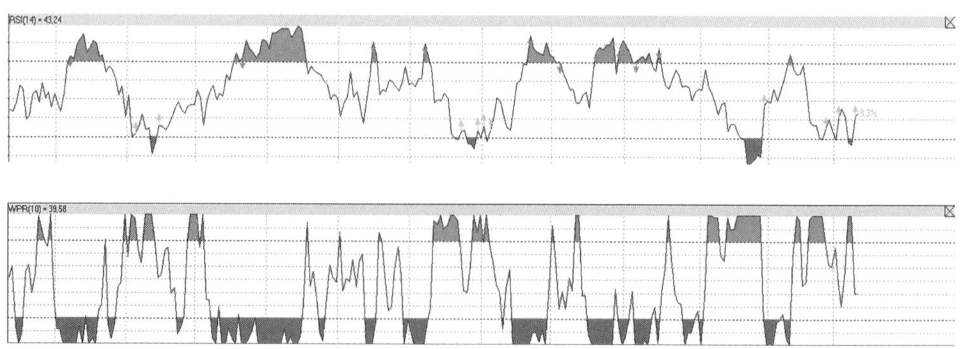

Abb. 40: Vergleichende grafische Darstellung RSI und William %R

Quelle: traderfox.de ; eigene Bearbeitung

Darüber hinaus nutzen Anleger diese beiden Momentum-Messsysteme, um potenziell bevorstehende Umkehrungen zu erkennen, indem sie die Divergenz zwischen Momentum-Werten und Kursbewegungen analysieren. In der Abbildung auf Seite 156 können Sie RSI und Williams %R noch einmal beispielhaft anhand einer Aktie innerhalb desselben Zeitraums vergleichen.

1.7 Fazit

Die Trend-Indikatoren werden weltweit seit Jahrzehnten von institutionellen Anlegern sowie Börsenprofis verwendet. Viele technische Analysten versuchen mit ihrer Hilfe, die herrschenden Marktverhältnisse, die Handelsspanne oder den Trend zu bestimmen und die dafür geeignetsten Indikatoren auszuwählen.

Die Möglichkeiten dieser markttechnischen Analyse sollten Sie nicht unterschätzen, aber auch nicht überbewerten. Sie leisten auf jeden Fall gute Dienste, wenn der optimale Zeitpunkt für den Kauf oder Verkauf von Aktien gefunden werden soll. Ich erinnere Sie jedoch stets daran, dass Sie auch darauf achten sollten, Megatrend-Unternehmen zu suchen – nur solche Unternehmen werden die großen Wellen finden, auf die es ankommt.

Es gibt allerdings Einschränkungen, die zahlreiche technische Analysten weniger gern hören oder beachten.

Nicht immer sind Indikatoren-Signale so klar, dass sie eine eindeutige Interpretation ermöglichen. Da es Fehlsignale gibt, kommt es darauf an, die richtigen Schlüsse aus einer Gesamtheit an Signalen zu ziehen. Es ist wie im richtigen Leben: Ein einziges Signal ist eben nur ein Hinweis auf einen möglichen Trendbruch. Wenn Sie Megatrend-Unternehmen im Depot haben, dann sollten Sie doppelt und dreifach hinsehen, wenn einmal ein Indikator eine Trendumkehr in Richtung von Abwärtstrends anzeigt. Ich empfehle Ihnen, bei einem möglichen Verkauf vorsichtig zu sein.

Wie eine klare, unkomplizierte Deutung und Bewertung der vier Indikatoren aus meiner Sicht aussehen kann und somit unmissverständlich einen Trendverlauf identifiziert, erkläre ich Ihnen im nächsten Kapitel.

Erinnern Sie bitte immer: Ein einzelner Indikator erzeugt zu viele Fehlsignale!

Ein einzelner Indikator liefert wie erwähnt zumeist kein zuverlässiges Signal. Verlassen Sie sich allein auf einen Indikator, werden Sie keine hohe Trefferquote erzielen. Dieser erwiesene Fakt unterstreicht die Wichtigkeit, verschiedene Indikatoren in einem Prognosemodell zu vereinen.

2 Das Trendfolge-System in der Praxis

Ziel meines Prognosemodells ist es, eine starke Signalaussage zu erzeugen und somit die Trefferquote bei der Identifikation von Trends und der Vorhersage einer möglichen Trendwende zu erhöhen. Phasen, in denen die Mehrzahl der Indikatoren in dieselbe Richtung zeigen, bedeuten dann ein starkes Signal, und Phasen einer gleichgewichtsnahen Indikatoren-Lage sprechen für eine neutrale Situation mit positivem Trend. Anders gesagt: Wenn es keine massiven Ausschläge nach unten gibt, werden gerade die Megatrend-Unternehmen keine Risiken darstellen. Das jedenfalls ist meine Erfahrung, die ich seit langer Zeit in meinen Börsendiensten oder auf Seminaren und Webinaren mit Anlegern teile.

2.1 So entstand das System

Nachdem ich feststellen musste, dass ein einzelner Indikator mir keine nachhaltige Aussage über den primären Verlauf einer Aktie liefern konnte, suchte ich nach einer Lösung, wiederkehrende Fehlsignale zu erkennen. Ich suchte also nach Indikatoren, die es mir ermöglichten, bestehende primäre Trendverläufe zu erkennen. Sehr schnell wurde mir klar, dass es nur mit einer Kombination verschiedener Indikatoren möglich war, die Treffergenauigkeit zu erhöhen.

Nach sehr vielen Versuchen, über einen langen Zeitraum hinweg, fand ich schließlich eine geeignete Kombination von Indikatoren. Diese Indikatoren fasste ich zu einem Bewertungsmodell zusammen, das es mir ermöglicht, bestehende primäre Trends zu erkennen, sowie einen kurzfristigen weiteren Verlauf zu prognostizieren. Weiterhin ermöglicht mir das Modell, einen primären Trendbruch zu erkennen. Trendbrüche, Sie erinnern sich, sind die Punkte, an denen eine Kursreihe eine gänzlich andere Richtung annimmt.

In meiner Diplomarbeit überprüfte ich diese neue Methodik anhand von Vergangenheitszahlen an über 400 Aktien auf ihre Effizienz. Meine Arbeit bestätigte meine Annahme: Es gibt ein Verfahren, mit dem Sie einen überdurchschnittlichen Erfolg bei einfach zu beschaffenden Daten, erzielen können. **Die Trefferquote dieses Erfolgsmodells liegt bei 90 Prozent.**

Je nachdem, wie die Parameter der vier Indikatoren eingestellt werden, ist es möglich, ein schnelles oder auch langsam reagierendes System zu etablieren. Je schneller das Trendfolge-System, je mehr Aufmerksamkeit und Aktivität ist vom Anleger erforderlich. Ein langsam eingestelltes System benötigt weniger Aufmerksamkeit sowie eine geringere Handelsaktivität.

Eine optimale Einstellung des Trendfolge-System ist somit immer von den gesetzten Prioritäten abhängig, die Sie als Investor haben. Wer kurzfristig handeln möchte – immer verbunden mit mehr Aktivität und Gebühren – kann entsprechende Signale erzeugen, wer langfristig und entspannt handeln möchte, also große Megatrends sucht, kann dies anhand der Parameter einfach eingeben.

Eine optimale Einstellung der Parameter ist erst sinnvoll, wenn Sie das Ziel klar bestimmt haben. **Wie meine optimale Zusammensetzung und Gewichtung der Indikatoren mit ihren unterschiedlichen Laufvariablen aussieht, bleibt mein kleines Geheimnis.** Es stecken viele Jahre Arbeit in meinem Prognosemodell und auch in Zukunft wird es immer wieder Anpassungen an die sich ständig verändernden Rahmenbedingungen geben. Dennoch hier ein Blick auf die von mir verwendeten Parameter.

2.2 Diese Parameter berücksichtigt mein Trendfolge-System

MeinTrendfolge-System in der Übersicht

1. Umfeld-Daten	Konjunktur- und Wirtschaftslage Zinstrend
2. Grunddaten	Umsatz Gewinn vor Steuern und Zinsen Ertrag Enterprise-Situation Segment-Situation
3. Trading-Daten	MACD WPR Momentum Oszillator RSI

In meiner Trendfolge-Strategie wähle ich aus drei Analyseverfahren Kennzahlen aus, die für die langfristige Entwicklung des Unternehmens und damit der Aktie von Bedeutung sind. Zuerst schaue ich mir die Umfeld-Daten an, dann die fundamentalen Daten und als Letztes ziehe ich technische Indikatoren zur Analyse heran.

1. Umfeld-Daten

Zu den Kennzahlen aus der fundamentalen Analyse und der technischen Analyse gehören selbstverständlich auch die sogenannten »weichen« Faktoren. Die Beurteilung der weichen Faktoren ist der schwierigste Bereich der Unternehmensbeurteilung. Hier handelt es sich zum Beispiel um die geopolitische Situation und das jeweilige Zinsumfeld.

Viele europäische Unternehmen bekommen die geopolitische Komponente derzeit zu spüren. Unternehmen, die recht stark im osteuropäischen Raum investiert sind, leiden derzeit unter den politischen Rahmenbedingungen im Zusammenhang mit Russlands Angriff auf die Ukraine. Dabei sind die Zinsen ausgesprochen niedrig, während die Inflation sehr hoch ist. In welche Richtung sich die Parameter entwickeln, ist selbstverständlich immer offen – ich kann sie allerdings jederzeit anpassen. Sie sehen an den wechselnden Nachrichten, wie sich die Situation entwickelt.

2. Wirtschaftliche Grunddaten

Die Grunddaten der Unternehmen mit Trendfolge-Strategie-Aktien unterteilen sich bei mir in 4 Unternehmenskennzahlen und zwei Situationsbetrachtungen:

1. **Total Sales:**
   Umsätze sind eine der wichtigsten Kenngrößen, denn an ihnen kann man ablesen, ob ein Unternehmen wächst oder stagniert; vielleicht sogar schrumpft. Für Sie ist es wichtig, den Umsatz in der Entwicklung zu sehen. Idealerweise schaut man sich die letzten fünf Jahre eines Unternehmens an. Sind die Umsätze kontinuierlich gestiegen, so ist dies ein gutes Zeichen und deutet auf eine nachhaltige Firmenpolitik hin – und gegebenenfalls auf einen Megatrend.

2. **EBIT:**
   Eine weitere Kennzahl ist das EBIT (*earnings before interests and taxes*). Dies ist das Ergebnis vor Steuern und Zinsen. Dieses Verfahren (Steuern und Zinsen etwa nicht zu betrachten) erhöht die Möglichkeit, Unternehmen und auch einzelne Unternehmensentwicklungen über unterschiedliche Finanzierungsbedingungen und länderspezifische steuerliche Verhältnisse hinweg zu vergleichen.

3. **Gewinnentwicklung:**
   Auch hier betrachten Sie nicht nur den Zeitpunkt, sondern Sie sollten im Zeitverlauf eine positive Entwicklung sehen, idealerweise ebenfalls über die letzten fünf Jahre.

4. **Dividendenrendite:**
   Wenn ein Unternehmen eine Dividende ausschüttet, so wird diese pro Unternehmensanteil, also pro Aktie angegeben. Daraus errechnet sich auch die Rendite: Dividende geteilt durch Aktienkurs mal 100 Prozent. So können Sie die Rendite (quasi als Verzinsung Ihres Investments) mit anderen Sparformen oder auch mit anderen Unternehmens-Dividendenrenditen vergleichen.

5. **Enterprisesituation:**
   Bei der Betrachtung der Enterprise-Situation, also der Unternehmenssituation, werden die verschiedensten Faktoren in den Blick genommen. Wie steht das Unternehmen im Vergleich zur Konkurrenz da? Hat es genügend innovative Kraft, um für die nächsten Jahre als Marktführer den Ton anzugeben? Wie stellt sich die Situation für die Mitarbeiter dar, besteht eine hinreichende Identifikation mit dem Unternehmen? Welche Anreize gibt es für die Mitarbeiter?

6. **Segmentsituation:**
   In der Segmentsituation, also der Betrachtung der Branche, schaut man sich das Umfeld des Unternehmens an. Ist die Branche wachsend oder schrumpft der Markt? Gibt es zum Beispiel Fördermittel, auf die die Branche angewiesen ist und die möglicherweise gekürzt werden könnten. Denken Sie an die Solarbranche in Deutschland, deren Subventionen vor vielen Jahren gekürzt wurden. Jetzt werden sie eventuell wieder erhöht – aufgrund des Klimaschutzes. Dies sind wichtige Informationen für den Kauf einer Aktie.

3. Trading-Daten

Vier weitere Kennzahlen kommen aus der technischen Analyse hinzu, die ich Ihnen oben beschrieben habe. Diese Trendfolge-Indikatoren dienen ausschließlich dem Timing. Ich nutze hier – wie bereits erwähnt – den MACD, den RSI, das Momentum und den WPR. Alle vier ergeben ein Ampelsystem mit spezieller Deutung.

3 Die vier Trendfolge-Indikatoren im Überblick

Die Indikatoren habe ich Ihnen etwas weiter vorn bereits beschrieben. Hier fasse ich allerdings die für mich speziellen Indikatoren noch einmal etwas kürzer und in einfacheren Worten zusammen und zeige Ihnen jeweils ein Beispiel aus der Praxis.

3.1 Trendfolge-Indikator: MACD

Der MACD soll als Indikator dem Investor den Einstieg und Ausstieg in eine Aktie anzeigen. Dabei geht man davon aus, dass ein Schnitt der roten Linie durch die schwarze von unten nach oben ein Kaufsignal ist. Ein Schnitt der schwarzen Linie durch die rote von oben nach unten ist ein Verkaufssignal.

Der MACD liegt immer unter dem Chart der Aktie. Im Original sieht das dann so aus wie in der folgenden Abbildung 41. Oben im Chart sehen wir noch unseren GD 20.

Betrachtet man in Abbildung 42 nur die letzten 4 Pfeile, so hat der MACD ganz gute Signale geliefert. Sie sehen aber in der Graphik auch die Schwierigkeiten des MACD. Im Bereich der ellipsenförmigen Markierungen liefert uns der MACD permanent ein Einstiegssignal in die Aktie und gleich darauf eines, das den Verkauf nahelegt. Diese Hektik ist mir zu groß.

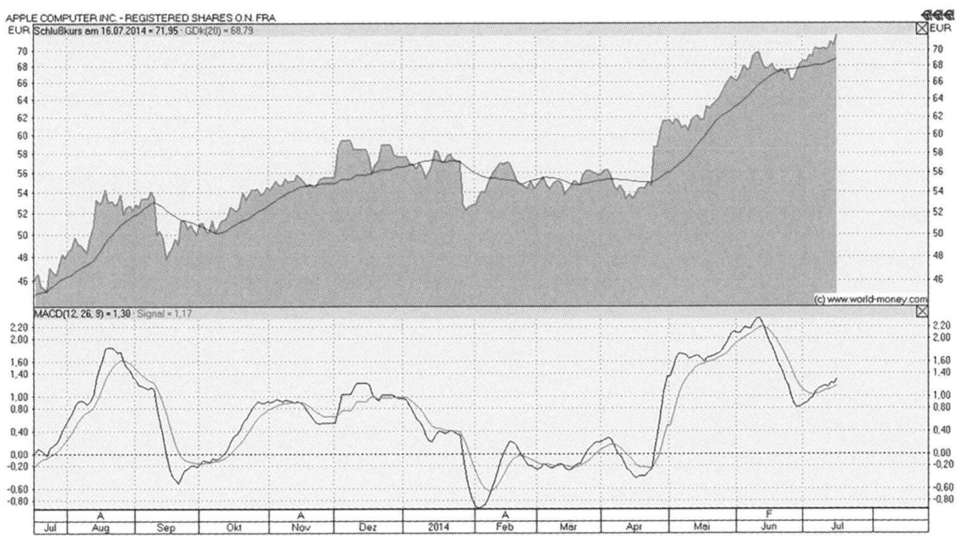

Abb. 41: GD 20 und MACD in einer grafischen Darstellung

Quelle: www.proffeinvest.de

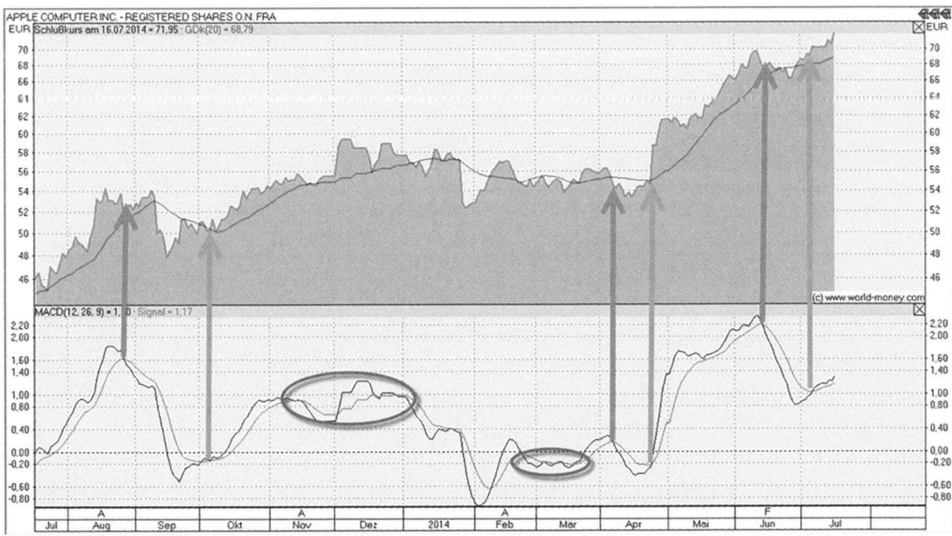

Abb. 42: Und jetzt zeichnen wir einfach ein, was uns der MACD an Signalen gibt. Die grünen Pfeile (von links: Pfeil 2, 4 und 6) sind Einstiege in die Aktie, die roten Pfeile (1, 3 und 5) sind Ausstiege aus der Aktie.

Quelle: www.proffeinvest.de

3.2 Trendfolge-Indikator: WPR

Der zweite Indikator ist der WPR (Wiliams Percent Range). Der Indikator zeigt, ob ein Wert überverkauft oder überkauft ist. Bei überverkauften Werten geht man davon aus, dass diese bald wieder gekauft werden könnten, bei überkauften Werten ist es natürlich andersherum. Auch diesen Indikator nutzen Sie in meinem System nicht alleinstehend, sondern nur in der Kombination mit den anderen Indikatoren.

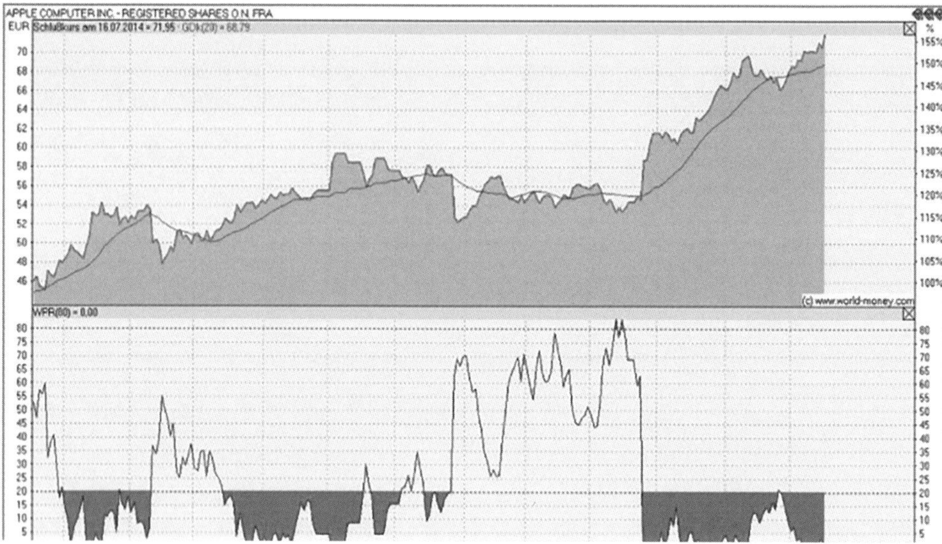

Abb. 43: Hier zeige ich Ihnen einen Sonderfall anhand der Apple-Aktie im Chart für den WPR mit einer Einstellung von 80 Tagen. Sie sehen, dass der aktuelle Kurs zum Betrachtungszeitraum das Allzeithoch ist.

Quelle: www.proffeinvest.de

Somit entsteht in der Rechnung oben bei der Subtraktion von Höchstkurs und aktuellem Kurs eine Null. Null geteilt durch jede andere Zahl ergibt immer null. Ist der Kurs also auf einem Allzeithoch, wird der WPR stets den Wert null annehmen. Dies wäre laut Definition eine überkaufte Situation.

Übrigens: Sollten Sie versuchen, die Erklärung des WPR irgendwo im Internet nachzulesen, passen Sie bitte auf. Da geht es wild durcheinander.

Mal stimmt die Formel nicht, dann wieder werden die Bereiche »überkauft« und »überverkauft« verwechselt.

Schauen Sie sich einfach nur den Chart oben an, der den WPR allerdings in seiner nicht an der Null gespiegelten Fassung zeigt, sondern mit Werten von 0 bis 100 (statt von 0 bis -100). Der WPR-Indikator ist zwar bei 0, aber trotzdem »überkauft«. Denn der Kurs befindet sich auf einem Allzeithoch. In der Trendfolge ist es bedeutsam, solche Indikatoren wie den Williams Percent Range richtig zu deuten. Hier würde ich der Interpretation nicht folgen: Denn im Allzeithoch ist eine Aktie gerade nicht überkauft – im Allzeithoch ist kein einziger Investor im Minus. Woher sollte die Verkaufsstimmung kommen. Deshalb gilt: Vorsicht bei der Interpretation einzelner, isolierter Indikatoren.

3.3 Trendfolge-Indikator: Momentum

Der dritte Indikator ist das Momentum. Hier sprechen wir wie bereits beschrieben vom Schwung einer Kursbewegung.

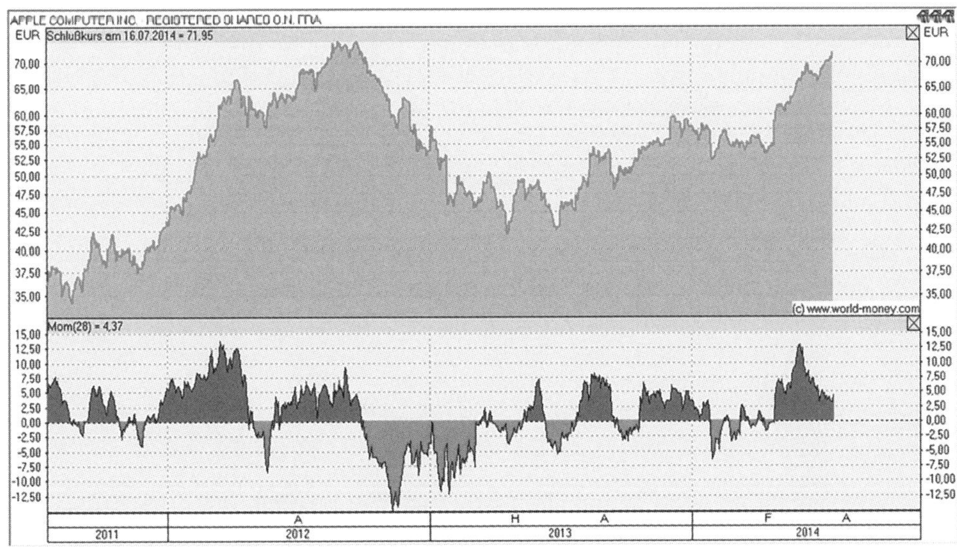

Abb. 44: So nutzt man das Momentum zur Aktien-Analyse

Quelle: www.proffeinvest.de

Sie sehen ein Momentum im Chart. Grün wird der Indikator bei Werten über null dargestellt, rot bei Werten unter null.

Da das Momentum wie der MACD als Indikator für Investoren Kauf- und Verkaufsentscheidungen herbeiführen soll, werden bei seinem Einsatz meist die oberen Wendepunkte als Verkaufssignal gedeutet, die unteren Wendepunkte als Kaufsignal.

3.4 Trendfolge-Indikator: RSI

Zu guter Letzt betrachten Sie in meinem Trendfolge-System noch den RSI (Relative-Stärke-Index). Dieser vergleicht die Aufwärtsbewegungen eines Wertes mit seinen Gesamtbewegungen und kann so anzeigen, wie stark die Aufwärtsbewegungen im Vergleich zur gesamten Bewegung des Wertes ist.

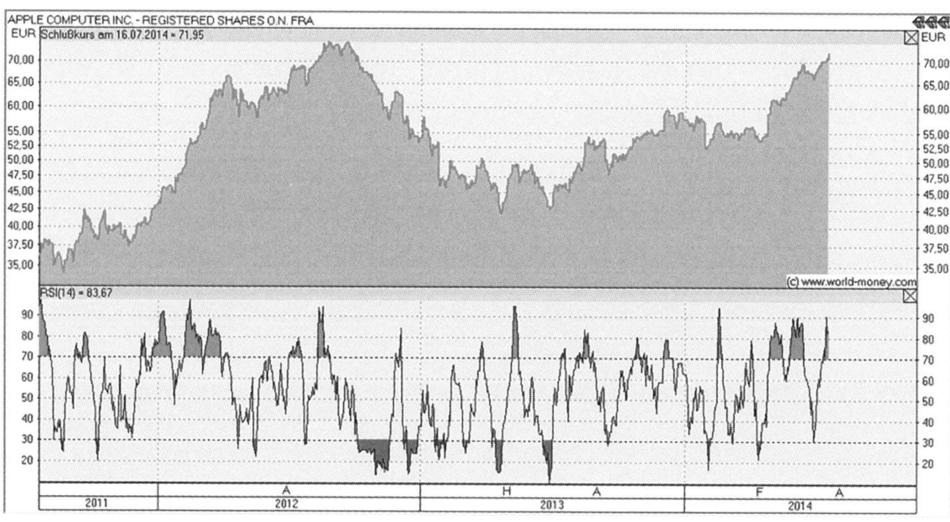

Abb. 45: Der Relative-Stärke-Index am Beispiel der Apple Aktie

Quelle: www.proffeinvest.de

Sie sehen im Chart die Apple-Aktie und darunter den RSI-Indikator, berechnet auf 14 Tage. Die roten Bereiche liegen über 70 und signalisieren damit, auch hier isoliert betrachtet, einen überkauften Markt beziehungsweise eine überkaufte Aktie. In der klassischen Betrachtung wäre das ein

Signal für einen Verkauf. Die grünen Bereiche, unter 30, gelten als überverkauft. Das ist in der klassischen Betrachtung dann die Tendenz zum Kauf.

Als eigentliche Signale werden dann die jeweiligen Durchbrüche betrachtet. Bricht der RSI-Indikator oben durch die Marke von 70 Prozent, gilt dies als Verkaufssignal. Bricht er von oben durch die Marke von 30 Prozent, gilt dies als Kaufsignal.

Auswertung der Ergebnisse

Aus der Summe der Einzelwertungen ergibt sich schließlich die Gesamtwertung:

- **Drei bis vier Indikatoren positiv bedeutet:** Es besteht ein stabiler Aufwärtstrend. Empfehlung: Kauf der Aktie. Ein Nachkauf ist ebenfalls zu jedem Zeitpunkt möglich.
- **Zwei Indikatoren positiv, zwei negativ heißt:** In Kürze entscheidet sich die weitere Richtung der Aktie. Empfehlung: halten, erst einmal kein Nachkauf.
- **Drei bis vier Indikatoren negativ bedeutet:** Der Trend ist gebrochen. Jetzt geht es definitiv abwärts. Empfehlung: sofortiger Verkauf der Aktie.

In der Vielzahl der Indikatoren liegt die Sicherheit!

Die vier Trendfolge-Indikatoren zeigen Ihnen also an, ob der Kurs eines Trendfolge-Unternehmens tendenziell nach oben oder unten geht. Dabei sollten Sie aber immer die langfristige Betrachtung im Blick behalten.

Werden die Trendfolge-Indikatoren richtig eingesetzt, lassen sich kurzfristige Kursschwankungen ausblenden und über Monate und Jahre hinweg mit relativ großer Sicherheit hohe Gewinne erzielen.

3.5 Steht die Trendfolge-Ampel auf Grün?

Zum Schluss entsteht somit eine Synthese aller Kennzahlen, die in ein einfaches Ampelsystem einfließt. Solange mir die Ampeln grünes Licht geben, ist der Trend intakt und ich bleibe investiert. Schaltet die Ampel auf Rot, liegt ein Trendbruch vor, und ich steige aus.

Meine Trendfolge-Strategie ist da emotionslos, denn Zahlen lügen nicht. Menschen können sich etwas vormachen, bei Zahlen sieht das völlig anders aus.

Mir ist es an dieser Stelle wichtig, darauf hinzuweisen, dass Trends niemals über Nacht oder von Woche zu Woche brechen. Trendbrüche benötigen aus meiner Sicht mit Blick auf die Megatrends viel Zeit. Daher halte ich nicht viel von Trendfolge-Strategien auf Wochenbasis.

Was sind die Vorteile meines Trendfolge-Systems für Sie als Anleger?

Ihr Anlageergebnis steigert sich erheblich unter Beachtung dieser gerade von mir erklärten technischen Indikatoren. Erst bei der Beachtung von mehreren Indikatoren sowie deren Kombination, wird es möglich sein, die Performance erheblich zu verbessern. Die überwiegende Mehrzahl von Fehlsignalen wird dadurch fast vollständig eliminiert. Somit können Sie einen Trend langfristig und teils über Jahre verfolgen. Der Arbeitsaufwand beschränkt sich lediglich auf ein vorab bestimmtes Ziel.

Wer nur einen Indikator nutzt, muss mit einem hohen Aufwand und hohen Kosten (insbesondere Transaktionskosten) rechnen, die gegebenenfalls nicht durch den Erfolg ausgeglichen werden. Der Aufwand ist umso erheblicher, je größer das Depot ist. Bei der Betreuung von zum Beispiel 30 Aktientiteln ist der Aufwand für ein permanentes Hin und Her nicht mehr tragbar. Die Betreuung wird zu einem Vollzeitjob.

3.6 Darf es ein bisschen mehr sein? Wir zünden den Turbo mit Optionsscheinen!

Wenn ich mich entscheide, in eine Aktie zu investieren, weil ich in den nächsten Jahren mit Kurssteigerungen rechne, dann kann ich zu der Aktie auch ein Hebelinstrument wie zum Beispiel einen Optionsschein kaufen.

Was ist ein Optionsschein?

Optionsscheine stellen die Klassiker unter den Hebelprodukten für Privatanleger dar. Wie der Name schon sagt, impliziert der Schein eine Wahlmöglichkeit, nämlich eine bestimmte Aktie zu einem festgesetzten Kurs innerhalb eines festgesetzten Zeitraums zu kaufen. Der Einfachheit halber betrachten Sie in dieser Erklärung nur sogenannte Call-Optionsscheine, also Optionsscheine, die ihren Inhaber theoretisch zum Kauf einer Aktie zum vorher festgelegten Preis berechtigen. Sie stehen im Gegensatz zu »Put«-Optionsscheinen, die theoretisch das Recht auf den Verkauf einer Aktie zum vorher festgesetzten Preis beinhalten. Die meisten Rechte dürfen in Deutschland letztlich aber gar nicht ausgeführt werden; die jeweiligen Werte werden nur in Geld ausgezahlt.

Der Reiz eines Optionsscheins liegt in der Hebelwirkung, womit Sie überdurchschnittlich von den Bewegungen eines Basiswertes (in unserem Fall ist es eine Aktie) profitieren können. **Allerdings kann der Hebel auch in die andere Richtung wirken, dann können bei ungünstiger Entwicklung überproportionale Verluste bis hin zum Totalverlust Ihres Investments entstehen.**

Angenommen Sie erwerben das Recht, eine Aktie innerhalb der nächsten zwei Jahre für 100 Euro zu kaufen. Diese Aktie ist heute 90 Euro Wert. Für dieses Recht bezahlen Sie 2 Euro. Es würde sich der Kauf dieses Rechtes dann lohnen, wenn die Aktie innerhalb der nächsten zwei Jahre über 102 Euro steigen würde.

Angenommen die Aktie steigt auf 110 Euro. Dann würden Sie Ihr Recht, welches Sie für 2 Euro gekauft haben, ausüben, die Aktie für 100 Euro kaufen; Sie könnten sie im nächsten Moment für 110 Euro wiederverkaufen. Ihr Gewinn läge (vereinfacht gesagt) bei 8 Euro. Das ist zum Verständnis die grundlegende Idee eines Optionsscheins.

Der Basispreis eines Optionsscheins

Der Preis, für den Sie die Aktie innerhalb der Laufzeit des Optionsscheins kaufen können, nennt sich Basispreis (im oberen Beispiel wären das die 100 Euro).

Das Bezugsverhältnis eines Optionsscheins

Eine weitere wichtige Kennziffer ist das Bezugsverhältnis. In der Praxis kann man zumeist nicht, wie oben vereinfacht dargestellt, für einen Optionsschein eine Aktie einkaufen, sondern es gibt verschiedene Bezugsverhältnisse, häufig 1:10. Das heißt nichts anderes, als dass Sie 10 Optionsscheine benötigen, um eine Aktie für den Basispreis kaufen zu dürfen.

Wie funktioniert ein Optionsschein?

Nachdem Sie nun wissen, was ein Optionsschein ist und welche wichtigen Faktoren er enthält, möchte ich Ihnen erläutern, welche Faktoren den Preis des Optionsscheins bestimmen. Das ist als Erstes der innere Wert. Der innere Wert hängt hauptsächlich von zwei Dingen ab. Auf der einen Seite ist es der Kurs des Basiswertes, auf der anderen Seite ist es der Basispreis des Optionsscheins.

Ein Optionsschein hat immer dann einen inneren Wert, wenn er mit Gewinn ausgeführt werden könnte. Nehmen wir an, ein Call-Optionsschein der Aktie XY hat einen Basispreis von 50 Euro. Wenn also die Aktie XY höher als diese 50 Euro notiert, so hat der Optionsschein einen inneren Wert. Notiert die Aktie unter 50 Euro, so ist der innere Wert des Optionsscheins gleich null.

Aufgrund dieser Tatsache werden Sie in der Praxis häufig drei Begriffe hören:

»**Im Geld**« oder auf Englisch *in the money* bedeutet, dass der Kurs des Basiswertes (zum Beispiel einer Aktie) über dem Basispreis des Optionsscheins liegt. Wie ich bereits anfangs erwähnte, spreche ich in unserer Betrachtung immer von »Call«-Optionsscheinen. Bei Put-Optionsscheinen wäre es genau andersherum.

»**Am Geld**« oder auf Englisch *at the money* bedeutet, dass der Kurs des Basiswertes gleich dem Basispreis ist. In diesem Fall hat der Optionsschein keinen inneren Wert.

»**Aus dem Geld**« oder auf Englisch *out of the money* bedeutet, dass der Kurs des Basiswertes unterhalb des Basispreises des Optionsscheins notiert, auch in diesem Fall ist der innere Wert des Optionsscheins null.

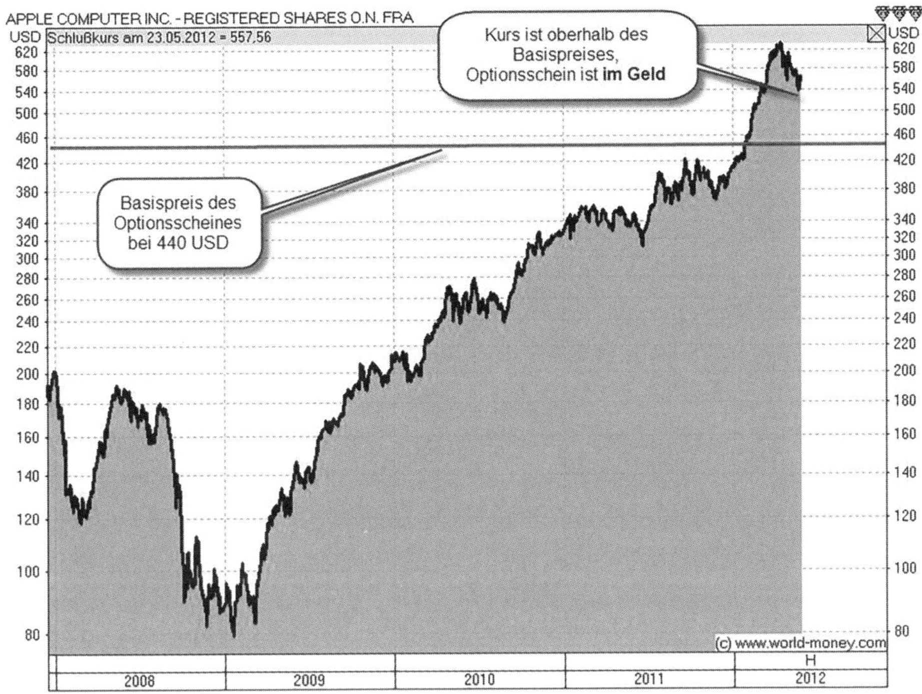

Abb. 46: Optionsscheine Beispiel 1: Apple Aktie

Quelle: proffeinvest.de

Unser Apple-Optionsschein hatte einen Basispreis von 440 US-Dollar. Die Apple-Aktie notierte zu der damaligen Zeit bei 556 US-Dollar. Somit war der Optionsschein »im Geld« und hatte einen inneren Wert.

Betrachten wir hingegen den Optionsschein auf die Fielmann-Aktie, so stellen wir fest, dass dieser Optionsschein einen Basispreis von 80 Euro hatte. Die Fielmann-Aktie notierte zu der damaligen Zeit im oben genannten Beispiel bei circa 72 Euro. Somit war der Optionsschein zum betreffenden Zeitpunkt »aus dem Geld«. Dies ist jedoch nicht weiter schlimm, denn entscheidend ist, dass der Optionsschein zum Ende seiner Laufzeit »im Geld« liegt, das heißt, die Aktie sollte zum Ende der Laufzeit des Optionsscheins über 80 Euro stehen.

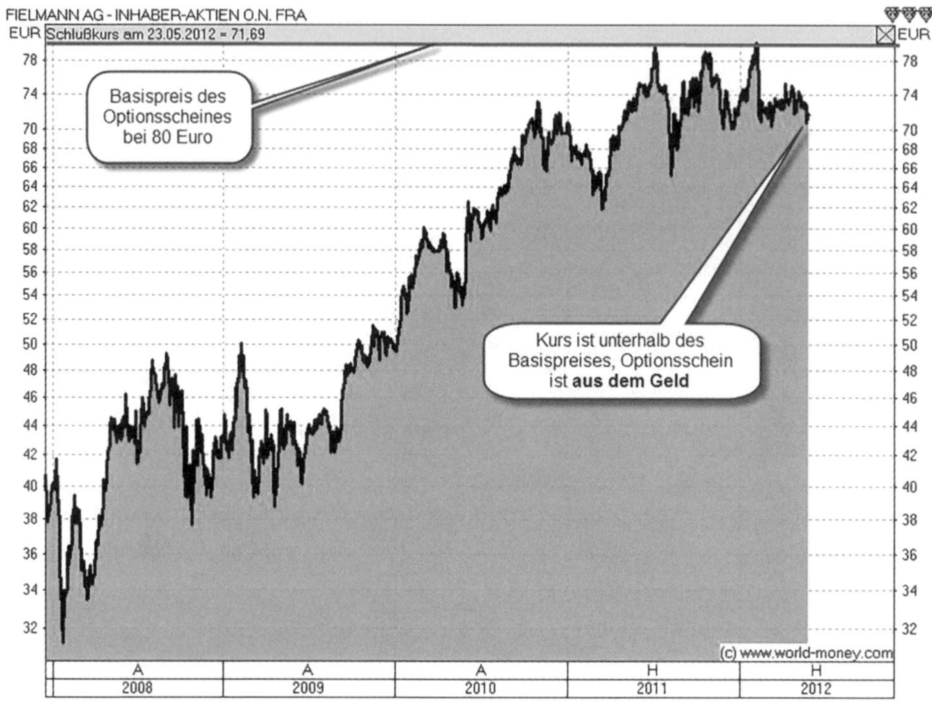

Abb. 47: Optionsscheine Beispiel 2: Fielmann Aktie

Quelle: proffeinvest.de

Optionsschein berechnen: Innerer Wert

Die nächste Frage, die sich nun stellt, lautet natürlich, wie berechnet man den inneren Wert eines Optionsscheins? Hierfür gibt es eine einfache Formel.

Der innere Wert eines Call-Optionsscheins berechnet sich folgendermaßen:

Innerer Wert = (Kurswert des Basiswertes – Basispreis) × Bezugsverhältnis

Bei dieser Formel ist zu beachten: Der Wert eines Optionsscheins kann nie negativ sein, denn in diesem Fall wäre es günstiger, die Aktie direkt zu erwerben, als die Ausübung über einen Optionsschein stattfinden zu lassen.

Wie Sie sehen, spielt der innere Wert für den Kurs eines Optionsscheins eine gravierende Rolle, es gibt aber weitere wichtige Faktoren, die den Preis bestimmen.

Der Zeitwert

Es gibt Optionsscheine, deren innerer Wert gleich null ist, die aber trotzdem etwas kosten. Diese Optionsscheine haben offensichtlich, obwohl ihre Ausübung aktuell keinen Sinn ergeben würde, einen Wert.

Angenommen Sie haben einen Optionsschein, der einen Basispreis von 100 Euro besitzt, und die dazugehörige Aktie notiert bei 85 Euro. Der Optionsschein läuft aber noch über ein Jahr. Wir erkennen anhand dieses Beispiels, dass hier Hopfen und Malz noch lange nicht verloren sind.

In einem Jahr kann sehr viel passieren und die 15 Euro, die die Aktie aktuell unter dem Basispreis notiert, können schnell aufgeholt werden. Und genau hierin ist der Wert begründet, den der Optionsschein hat. Man schaut, wie wahrscheinlich es ist, dass die Aktie noch über den Basispreis steigt. Es ist sehr leicht einzusehen, dass die Wahrscheinlichkeit umso höher ist, je größer die Restlaufzeit des Optionsscheins ist. Daher nennt man diesen Wert, den der Optionsschein hat, auch wenn der innere Wert gleich null ist, den »Zeitwert«.

Zeit ist Geld – die Restlaufzeit entscheidet

Würde bei gleicher Konstellation die Restlaufzeit nicht mehr als ein Jahr, sondern nur noch wenige Wochen betragen, so würde der Wert des Optionsscheins gegen null tendieren. Denn die Wahrscheinlichkeit, dass die Aktie zum Laufzeitende über dem Basispreis notiert, ist um ein Vielfaches geringer. Und damit wäre nicht nur der innere Wert gleich null, sondern auch der Zeitwert nahe null und somit der Gesamtwert des Optionsscheins nahe null.

Mathematisch betrachtet berechnet sich somit der Zeitwert als die Differenz zwischen dem aktuellen Kurs des Optionsscheins und dem inneren Wert. In meinem Beispiel war der innere Wert gleich null, somit wurde der komplette Wert des Optionsscheins über den Zeitwert getragen. Für den Zeitwert gilt, dass er besonders dynamisch in den letzten drei Monaten der Laufzeit abnimmt, da hier die Wahrscheinlichkeit einer Erholung der Aktie immer geringer wird.

Aber selbst wenn der Optionsschein bereits einen inneren Wert besitzt, nimmt der Zeitwert dramatisch ab, da die Möglichkeit eines weiteren Anstieges der Aktie mit ablaufender Zeit immer geringer wird.

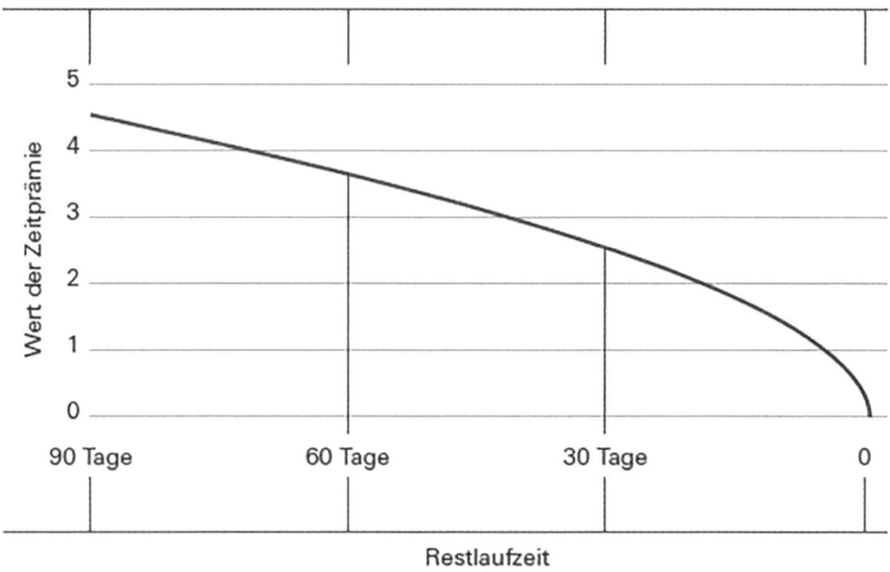

Abb. 48: Optionsschein Zeitwert

Quelle: proffeinvest.de

Zusammengefasst setzt sich der Wert des Optionsscheins also aus zwei verschiedenen Komponenten zusammen: Zum einen haben wir den inneren Wert und zum anderen den Zeitwert.

Der innere Wert entsteht erst, wenn der Kurs der Aktie über dem Basispreis des Optionsscheins liegt, und der Zeitwert reduziert sich mit abnehmender Restlaufzeit des Optionsscheins und beziffert die Wahrscheinlichkeit, mit der der Optionsschein am Ende seiner Laufzeit einen inneren Wert erreicht.

Segen und Fluch

Die Hebelwirkung bei Optionsscheinen ist einer der großen Vorteile.

Ein Beispiel: Angenommen Sie haben eine Aktie, die aktuell 90 Euro Wert ist. Ein Optionsschein mit einem Basispreis von 100 Euro kostet pro Stück 1,50 Euro. Das Bezugsverhältnis beträgt 1:10. Sie kaufen 10 Optionsscheine, um also das Recht zu haben, eine Aktie zu kaufen. Nun steigt die Aktie von 90 Euro innerhalb der Laufzeit der Optionsscheine auf 130 Euro. Sie haben also insgesamt 105 Euroinvestiert (90 Euro für die Aktie + 15 Euro für 10 Optionsscheine). Die Aktie, die Sie dafür bekommen, ist aber bereits 130 Euro wert.

Somit haben Sie einen Gewinn von 25 Euro gemacht. Das bedeutet, der Gewinn eines einzelnen Optionsscheins beträgt 2,50 Euro (25 Euro/ 10 Optionsscheine). Der Wert des Optionsscheins beim Verkauf beträgt somit 4 Euro (1,50 Euro Kaufpreis + 2,50 Euro Gewinn). Während der Kurs der Aktie von 90 Euro auf 130 Euro um 44 Prozent gestiegen ist, so ist der Optionsschein von 1,50 Euro auf 4 Euro gestiegen, das ist ein Gewinn von 167 Prozent. Somit wurde der Gewinn der Aktie gehebelt, man spricht hier auch vom »Leverage Effekt« (*leverage* = Hebel).

Aber hier liegt für Sie natürlich auch der Knackpunkt!

Sollte der Kurs der Aktie innerhalb der Laufzeit nicht die 100 Euro übersteigen, würden die Optionsscheine wertlos verfallen. Denn es wäre nicht sinnvoll, eine Aktie für 100 Euro zu kaufen und sie dann wieder für weniger zu verkaufen. Daher ist die Laufzeit der Scheine ein sehr wichtiges Kriterium. Es besteht aber auch die Möglichkeit, den Optionsschein vor Ende der Laufzeit wieder zu verkaufen und zum Beispiel durch einen anderen Schein zu ersetzen, der eine längere Laufzeit hat.

So berechnen Sie den Hebel eines Optionsscheins

Den Hebel bei Optionsscheinen berechnen Sie ganz einfach mit der folgenden Formel:

$$\text{Hebelwirkung} = \frac{\text{Kurs des Basiswerts}}{\text{Bezugsverhältnis} \times \text{Optionsscheinkurs}}$$

Optionsscheine versus Optionen

Und hier kommt noch eine wichtige Information für Sie: **Optionsscheine sind nicht zu verwechseln mit Optionen!**

Wie handelt man Optionsscheine?

Um an den Gewinn eines Optionsscheins zu kommen, muss man nicht den Umweg über den Kauf der Aktie nehmen. Optionsscheine sind als Wertpapiere für sich genommen handelbar und man kann den Gewinn einfach durch den Verkauf des Scheins realisieren.

Fazit: Es ist eine weitere überaus lukrative Strategie Trendfolge-Aktien mit passenden Optionsscheinen zu begleiten. Bedenken Sie bitte, dass Trends viele Jahre laufen können, so ist es äußerst reizvoll, sich mit den richtigen Optionsscheinen parallel zum Trendverlauf der Basisaktie einzudecken.

Das System in der Praxis: Für viele Leser bewährt

Einige von den vorgestellten Strategien setzte ich für meine Leser bereits in meinen Börsendiensten um. Sehen Sie sich das System und die Folgen gern selbst an: Unter der Internet-Adresse http://www.proffeinvest.de/ informiere ich Sie darüber, wie das System in der Praxis aussieht.

Auf den ersten Blick werden Sie feststellen, wie sich meine Depots seit Auflage entwickelt haben. Und das Schöne ist: Sie haben überhaupt nichts verpasst. Sie können jederzeit mitmachen. Ob Standardwerte, Nasdaq-Aktien oder Optionsscheine auf Trendfolger. Jede Position in meinen Depots ist immer ein Kauf.

VIII

ZUM GUTEN SCHLUSS – »MORE TIME TO LIVE – MEHR ZEIT ZUM LEBEN«

Ich hoffe, ich habe Ihnen auf den vorhergehenden Seiten darlegen können, dass Sie auch in Krisenzeiten, auf Aktien setzen sollten. Die Strategien, die Sie anfangs kennengelernt haben, bieten sich durchgehend an, auch wenn Sie nur die Auswirkungen der Inflation überwinden wollen.

Die Auswertung der verschiedenen Strategien hat Ihnen ebenfalls gezeigt, dass die verschiedensten mechanischen Ansätze den Dax hinter sich lassen können. Die meisten Fondsmanager schaffen genau das nicht, wie zahlreiche Statistiken zeigen. Der Schluss lag und liegt nahe: Sie können selbst mit etwas Disziplin und einer nachgewiesenermaßen erfolgreichen Strategie an den Börsen weit überdurchschnittliche Erfolge feiern.

Sie können Unternehmen wie Apple finden und sich an deren Erfolge dranheften. Die Trendfolge ist unter allen Strategien, die ich kennengelernt habe, die einfachste und zuverlässigste, ja, die erfolgreichste Strategie – wenn Sie die richtigen Faktoren wählen.

Die Trendfolge hat den Vorteil, objektiv für jeden Menschen dieselben Daten zur Verfügung zu stellen: Kurse, Kurse, Kurse. Sie benötigen keine Geheimniskrämerei von Bilanzgurus, keine Insider-Informationen, die sich nicht prüfen lassen, und keine Analystenkonferenzen, die kein Normalsterblicher je mitmachen darf.

So, wie ich die Trendfolge kennengelernt und mit einem Multi-Faktor-System aufgebaut habe, können Sie es sich recht einfach machen.

Analysieren Sie die gesellschaftlichen Megatrends, finden Sie Unternehmen, bei denen sich auch an den Börsen objektiv messen lässt, dass sich der Trend in den Kursen widerspiegelt, und nutzen Sie die Wellen diszipliniert über einen langen Zeitraum – und am besten sogar über Jahre. Die Börse soll und kann Ihnen Freude bereiten, Geld bringen, aber auch Zeit schenken.

Die erfolgreichsten Megatrend-Unternehmen machen es Ihnen an den Börsen im Grunde genommen recht einfach, wenn Sie das richtige Instrumentarium anwenden. Sie müssen einfach nur mitlaufen.

Ich würde mich freuen, Sie im Kreis meiner Zuhörer, Zuseher oder Leser begrüßen zu dürfen, die sich für weitere Details meines Systems »More time to live – mehr Zeit zum Leben« interessieren.

Überlisten Sie sich selbst. Vielen Menschen gelingt dies nicht, denn die Börse lädt zu diversen Fehlern geradezu ein. Daher widme ich die letzten Seiten dieses Buches meinem Konzept »More time to live – mehr Zeit zum Leben« und den zugrunde liegenden psychologischen Bedingungen.

1 Börsenpsychologie – Achterbahn der Gefühle? Nicht mit mir!

Anleger sind Menschen, und wir Menschen handeln nicht immer zu 100 Prozent rational. Auch in der Finanzwelt passiert es leider nur allzu oft, dass uns unsere Gefühle ein Schnippchen schlagen und wir durch emotionales Handeln Fehlentscheidungen treffen.

1.1 Typische »Psycho-Fallen« in der Börsenpsychologie

Ich zeige Ihnen in meinem kurzen Ausflug in die Börsenpsychologie einige Beispiele für solche typischen »Psycho-Fallen«, in die man als Anleger gerne tappt – vorzugsweise dann, wenn man noch neu im Börsengeschäft ist.

Und ich verrate Ihnen natürlich auch, wie Sie diese Achterbahnfahrt der Gefühle vermeiden können.

Gerade in Stressphasen am Finanzmarkt geht es darum, sich als Anleger nicht von den eigenen Gefühlen leiten zu lassen. Alte Hasen, die schon länger investiert sind, kennen das. Aber auch sie sind vor Gefühlen nicht gefeit und können aus den Erkenntnissen der Börsenpsychologie lernen.

1.2 Die Tücken des limbischen Systems

Selbst dann, wenn wir diese Regeln von unserem Verstand her verinnerlicht haben, heißt das noch nicht, dass wir als Menschen auch immer rational handeln. Verantwortlich für das reale Verhalten ist das sogenannte limbische System, ein Areal im Gehirn, welches das emotionale Verhalten des Menschen steuert. Kurz und knapp zusammengefasst lässt sich das so beschreiben: Das limbische System hat die Aufgabe, dem Menschen bei der Anpassung an seine sich permanent verändernde Umwelt zu helfen.

Wird das limbische System gestört, beispielsweise im Zusammenhang mit Kursschwankungen an der Börse, kommt es zu emotionalem Verhalten. Angstgefühle, Nervosität, Panik, aber auch Freude oder Gier sind mögliche Verhaltensreaktionen, die dann einsetzen.

Und bei aller Vernunft, die wir bei einem Börsengewinn oder -verlust versuchen, an den Tag zu legen – die Achterbahn unserer Emotionen ist stets schneller als der Verstand.

In der Psychologie spricht man in diesem Zusammenhang auch von einem Bias, also einem systematischen Urteilsfehler, dem der Mensch unterliegt. Mehr als 40 solcher Urteilsverzerrungen oder »Psycho-Fallen« kennt die Börsenpsychologie inzwischen. Zwei davon möchte ich Ihnen etwas näher vorstellen:

1. Home Bias – die Liebe zur Heimat

Die Liebe zur eigenen Heimat ist an sich nicht verwerflich. Wenn es zum Beispiel um das Reisen geht, ist dies durchaus eine kluge Strategie. Wer den Urlaub im eigenen Land verbringt, unterstützt mit seinem Geld die vom Tourismus abhängigen Regionen Deutschlands.

In der Börsenpsychologie spricht man von einem Home Bias, wenn Anleger vorrangig oder ausschließlich Aktien aus ihrem Heimatland im Depot haben. Dies ist weltweit zu beobachten und kein rein deutsches Phänomen.

Die meisten Menschen kaufen vor allem Aktien aus ihrem Heimatland und geben ausländischen Werten ein zu geringes Gewicht. Das hängt unter anderem damit zusammen, dass wir meinen, uns mit der eigenen, inländischen Wirtschaft besser auszukennen.

Die Deutschen setzen bei ihrer Anlagestrategie vor allem auf Dax-Werte. Bedenkt man allerdings im Falle von Deutschland, dass wir nur einen Anteil von knapp 3,5 Prozent am globalen Bruttoinlandsprodukt halten, wäre ein Blick über den Tellerrand für deutsche Anleger eine durchaus ratsame Strategie.

Ganz ähnlich verhält es sich, wenn man ausschließlich in bestimmte Branchen investiert, zum Beispiel solche, mit denen man selbst beruflich zu tun hat. Auch dies ist ein Bias aufgrund von emotionalen Entscheidungen und keine Anlagestrategie, die auf Fakten beruht.

2. Selektive Wahrnehmung

»Ich sehe was, was du nicht siehst« – dieses beliebte Kinderspiel bringt das psychologische Phänomen der selektiven Wahrnehmung auf den Punkt. Eigentlich ist diese Eigenschaft unseres Gehirns, die uns umgebenden Reize permanent zu bewerten, eine Stärke. Nur so schaffen wir es, Wichtiges von Unwichtigem zu unterscheiden und mit der Informationsfülle überhaupt klarzukommen.

Aber leider trickst uns diese Aufmerksamkeitsblindheit auch gerne mal aus. Wir kennen das zum Beispiel im visuellen Bereich von optischen Täuschungen oder sogenannte Kippbildern. Sie kennen bestimmt das bekannteste Kippbild aus der Wahrnehmungspsychologie mit zwei Frauen. Die Überschrift dazu heißt »Alte oder junge Frau«?

Auch in der Börsenpsychologie gibt es dieses Phänomen, dass wir nur bestimmte Aspekte unserer Umwelt wahrnehmen und andere ausblenden. Nämlich dann, wenn wir nur solche Informationen aufnehmen, die mit unserer Einstellung zu einer Aktie übereinstimmen.

Alle guten Nachrichten, die unsere Einstellung stärken, überbewerten wir dann. Und alle schlechten Meldungen, die Dissonanzen, also unangenehme Gefühle, hervorrufen könnten, blenden wir aus oder spielen sie herunter.

Mit objektivem Handeln haben solche Verhaltensweisen relativ wenig zu tun. Und deswegen ist es auch so riskant, wenn Emotionen überhandnehmen.

Riesenrad statt Achterbahn

Was also tun, um das Risiko zu minimieren? Eigentlich ganz einfach mit dem Wissen aus der Börsenpsychologie: Folgen Sie den Fakten und nicht den Emotionen! Leider aber ist dies leichter gesagt als getan.

Denn das Auf und Ab der Finanzmärkte, das Entstehen und Platzen von Blasen, die kurzfristigen Trends und Hypes lassen mich und die Leser meiner Börsendienste oder meiner Vorträge und auch Seminare völlig kalt: Ungeachtet des Getöses am Markt konzentrieren wir uns seit über 30 Jahren auf unser Trendfolge-System – völlig entspannt, mit einem Minimum an Risiko und nachweislich mit überdurchschnittlichem Erfolg!

2 Das übergeordnete Konzept: »More time to live – mehr Zeit zum Leben«

Viele von uns haben einen gut durchstrukturierten Alltag. Dafür sorgen nicht nur die Arbeit, sondern auch Familie, Freunde, Freizeitaktivitäten, persönliche Entfaltung und, und, und …

Wo bleibt da noch Platz, um sich mit der Börse auseinanderzusetzen, sein Kapital gewinnbringend anzulegen, um für die Zukunft oder eventuelle Lebensträume und Wünsche vorzusorgen?

Im Zusammenhang mit meiner Trendfolge-Strategie fällt immer wieder mal der Satz »More time to live«. Aber welche Bedeutung hat »More time to live – mehr Zeit zum Leben« in Bezug auf die Börse?

2.1 »More time to live« – die Börse aus der Vogelperspektive betrachten

Wenn wir über die Börse, beispielsweise über die Wall Street in New York, sprechen, welches Bild mögen die meisten Leute da vor Augen haben? Speziell, wenn Sie sich vorher nicht oder nur wenig mit dem Thema beschäftigt haben.

Womöglich das einer zum Bersten mit Menschen gefüllten Halle, in der sich alle einander etwas zurufen oder sich manchmal sogar anschreien. An diesem Ort herrscht buchstäblich keine ruhige Minute – ständig muss gekauft, verkauft, gehandelt werden. Zeitgleich wird in den Medien vor der »gefährlichen Börsenwelt« gewarnt, die ähnlich einem Casino den Einsatz verschlingt und nur selten einen entsprechenden Gegenwert hergibt.

2.2 Clevere Anleger betrachten die Börsenwelt aus der Vogelperspektive

Als ich meine Trendfolge-Strategie unter dem Motto »More time to live« entwickelte, schwebte mir vor, wie ich meinen Leserinnen und Lesern eine andere Herangehensweise, eine bessere Perspektive auf das große Ganze vermitteln könnte.

»More time to live« – das bedeutet, die Börse aus der Vogelperspektive zu beobachten und zielsicher wie ein Adler herabzustoßen, wenn die Gelegenheit am günstigen ist.

Denjenigen, die nicht wissen, wo sie anfangen sollen, helfe ich bei ihren ersten Schritten auf dem Börsenparkett. Erfahreneren Anlegern gebe ich Tipps und Empfehlungen, die sie selbständig nutzen und in ihrem Sinne profitabel umsetzen können.

Sicher sind die meisten von Ihnen berufstätig. Neben der täglichen wahrscheinlich acht oder neun Stunden am Arbeitsplatz haben Sie eine Ehefrau oder Ehemann, eine Partnerin oder einen Partner, mit dem Sie zusammenleben und die oder der Ihre Aufmerksamkeit einfordert. Darüber hinaus haben Sie womöglich einen aktiven Lebensstil, treiben beispielsweise regelmäßig Sport, verreisen gern oder treffen sich am Wochenende mit Freunden und Familie. Ihre Woche ist de facto gut ausgelastet.

Getreu meinem Motto »More time to live – mehr Zeit zum Leben« geht es mir bei meiner Trendfolge-Strategie darum, die Grundlagen für ein erfülltes und sorgenfreies Leben zu schaffen. Deshalb ist meine Trendfolge-Strategie so gestaltet, dass Sie nicht ständig auf Ihr Smartphone starren müssen, um ja nichts zu verpassen.

Die Börse soll Ihr Leben erleichtern, aber nicht Ihr Lebensinhalt sein.

Das große Lehrbuch der Chartanalyse

Stefan Salomon

Wer mit Chartanalyse beginnen möchte, fühlt sich leicht überwältigt von der Fülle an Möglichkeiten und »Insider-Tipps«. Doch was braucht man für den Anfang wirklich? Stefan Salomon gibt eine einfache und klare Antwort: außer einem Computer nur Bleistift und Papier!
Anhand zahlreicher anschaulicher Beispiele und praktischer Übungen erklärt er, welche Arten von Charts es gibt, wozu man sie nutzt und welche für den Einstieg besonders wichtig sind. Ganz nebenbei vermittelt der Autor fundamentales Wissen über die technischen und psychologischen Mechanismen, die an der Börse wirken. Das ideale Buch für den Einstieg in die Chartanalyse!

m-vg.de/qr/bLvqZ

448 Seiten | Hardcover | 34,99 € (D) | ISBN 978-3-95972-295-7

Das große Buch des DAX-Tradings

Carsten Umland

Kein anderer Index ist bei deutschen Tradern so beliebt wie der DAX. Doch was sind die Vorzüge des deutschen Leitindex und welche Strategien sind am erfolgversprechendsten? Der erfahrene Trader Carsten Umland, Bestsellerautor von *Einfach traden lernen*, stellt die wichtigsten Finanzinstrumente vor, gibt Tipps zu den besten Handelszeiten sowie der richtigen Trading-Software. Detailliert erläutert er eine Vielzahl von bewährten Handelsstrategien, zeigt besondere Chancen, aber auch Risiken im Vergleich zu den anderen großen Indizes auf und erklärt, wie sich das Risiko beim Traden möglichst gering halten lässt.

m-vg.de/qr/bLvts

320 Seiten | Hardcover | 34,99 € (D) | ISBN 978-3-95972-432-6

DAX 19 000

Erich Pitak

Steht nach der Corona-Krise der nächste große Crash schon vor der Tür? Erich Pitak, Finanzmarkt-Spezialist mit 30-jähriger Praxis, sagt Nein. Stattdessen müssen wir uns darauf einstellen, dass die Niedrigzinspolitik weiter anhalten wird. Doch wie entkommt man dieser Nullzinsfalle? Anleihen werden immer unattraktiver – eine gigantische Chance für die weltweiten Aktienmärkte und den DAX. Noch vor Ende 2027 lässt sich mit etwas Glück die magische Marke 19.000 überschreiten. In einem optimistischen Umfeld kann der DAX bis dahin auch deutlich über 30.000 steigen. Mit sorgfältigen, für jedermann nachvollziehbaren Analysen zeigt er, warum uns eine radikale Neubewertung der Aktienmärkte bevorsteht und wie Anleger davon profitieren könnten.

m-vg.de/qr/bLvsf

288 Seiten | Hardcover | 29,99 € (D) | ISBN 978-3-95972-365-7

Die besten Aktien der Welt

Peter Seilern

Jetzt in der erweiterten und aktualisierten dritten Auflage! Muss sich der Anleger an der Börse zwischen geringem Risiko und hoher Rendite entscheiden? Eindeutig nein. Profiinvestor Peter Seilern erklärt, wie sich unter Zehntausenden Aktien diejenigen identifizieren lassen, die herausragende Stabilität mit außergewöhnlichem Wachstum vereinen. Alles, was es braucht, um die besten Unternehmen der Welt zu finden, sind Geduld, unabhängiges Denken und zehn goldene Regeln, die den Anleger Schritt für Schritt durch den Auswahlprozess leiten. Denn für den anspruchsvollen Anleger ist zu Recht nur das Beste gut genug.

m-vg.de/qr/bLvwQ

304 Seiten | Hardcover | 25,00 € (D) | ISBN 978-3-95972-622-1

Die unbekannten Magier der Märkte

Jack D. Schwager

Die Magier der Märkte – eines der meistverkauften Finanzbücher aller Zeiten – sind zurück! Auch diesmal hat Jack Schwager außergewöhnlich erfolgreiche Trader befragt, um zu erfahren, wie sie so erfolgreich wurden. Das Besondere: Die interviewten Spitzen-Trader sind Privatpersonen, die mit ihrem eigenen Geld traden und jeweils ihre ganz eigene Strategie entwickelt haben, um sensationelle Börsenerfolge zu erzielen. Das Ergebnis ist eine einmalige Sammlung von Tradingstrategien und einzigartigen Erfolgstipps, die allen Tradern helfen können, ihre persönliche Strategie zu entwickeln und bessere Ergebnisse zu erzielen.

m-vg.de/qr/bLvtv

368 Seiten | Hardcover | 26,99 € (D) | ISBN 978-3-95972-435-7